Riddles

Compiled by A. Tadevosyan

Загадки

Составитель А. Татевосян

Riddles

Contact:
IndoEuropeanPublishing@gmail.com

ISNB: 978–1–60444–809–2

Загадки

Контакт:
IndoEuropeanPublishing@gmail.com

ISNB: 978-1-60444-809-2

Загадки про сказочных героев

Ждали маму с молоком,
А пустили волка в дом…
Кем же были эти
Маленькие дети?

Семеро козлят

В детстве все над ним смеялись,
Оттолкнуть его старались:
Ведь никто не знал, что он
Белым лебедем рожден.

Гадкий утенок

Покупала самовар,
А спасал ее комар.

Муха-Цокотуха

Была она артисткой
Прекрасной, как звезда,
От злого Карабаса
Сбежала навсегда.

Мальвина

Уплетая калачи,
Ехал парень на печи.
Прокатился по деревне
И женился на царевне.

Емеля

Эта скатерть знаменита
Тем, что кормит всех досыта,
Что сама собой она
Вкусных кушаний полна.

Скатерть-самобранка

Сладкий яблок аромат
Заманил ту птицу в сад.

Перья светятся огнём,
И светло вокруг, как днём.

Жар-птица

Он разбойник, он злодей,
Свистом он пугал людей.
соловей-разбойник
И зайчонок, и волчица -
Все бегут к нему лечиться.

Доктор Айболит

В гости к бабушке пошла,
Пироги ей понесла.
Серый Волк за ней следил,
Обманул и проглотил.

Красная шапочка

Он в Италии родился,
Он своей семьёй гордился.
Он не просто мальчик-лук,
Он надёжный, верный друг.

Чиполлино

Над простым моим вопросом
Не потратишь много сил.
Кто мальчишку с длинным носом
Из полена смастерил?

Папа Карло

Мой вопрос совсем не трудный,
Он - про город Изумрудный.
Кто там был правитель славный?
Кто там был волшебник главный?

Гудвин

Наряд мой пестрый,
Колпак мой острый,
Мои шутки и смех
Веселят всех.

Петрушка

Всех важней она в загадке,
Хоть и в погребе жила:
Репку вытащить из грядки
Деду с бабкой помогла.

                Мышка

Вот совсем нетрудный,
Коротенький вопрос:
Кто в чернилку сунул
Деревянный нос?

              Буратино

Красна девица грустна:
Ей не нравится весна,
Ей на солнце тяжко!
Слезы льет бедняжка!

           Снегурочка

Лечит маленьких детей,
Лечит птичек и зверей,
Сквозь очки свои глядит
Добрый доктор…

              Айболит

Из муки он был печен,
На сметане был мешен.
На окошке он студился,
По дорожке он катился.
Был он весел, был он смел
И в пути он песню пел.
Съесть его хотел зайчишка,
Серый волк и бурый мишка.
А когда малыш в лесу
Встретил рыжую лису,
От нее уйти не смог.
Что за сказка?

              Колобок

Носик круглый, пятачком,
Им в земле удобно рыться,
Хвостик маленький крючком,

Вместо туфелек — копытца.
Трое их — и до чего же
Братья дружные похожи.
Отгадайте без подсказки,
Кто герои этой сказки?

> Ниф-ниф, Наф-наф и Нуф-нуф

Возле леса, на опушке,
Трое их живет в избушке.
Там три стула и три кружки,
Три кроватки, три подушки.
Угадайте без подсказки,
Кто герои этой сказки?
три медведя
Болото – дом ее родной.
К ней в гости ходит Водяной.

> Кикимора

Толстяк живет на крыше,
Летает он всех выше.

> Карлсон

Человек немолодой
Вот с такущей бородой.
Обижает Буратино,
Артемона и Мальвину,
И вообще для всех людей
Он отъявленный злодей.
Знает кто-нибудь из вас
Кто же это?

> Карабас Барабас

Скорей бы приблизился вечер,
И час долгожданный настал,
Чтоб мне в золоченой карете
Поехать на сказочный бал!
Никто во дворце не узнает
Откуда я, как я зовусь,
Но только лишь полночь настанет,
К себе на чердак я вернусь.

> Золушка

Она была подружкой гномов
И вам, конечно же, знакома.

Белоснежка

Дюймовочки жених слепой
Живет все время под землей.

Крот

С кем Мороз играет в прятки,
В белой шубке, в белой шапке?
Знают все его дочурку,
И зовут ее…

Снегурка

Стрела молодца угодила в болото,
Ну где же невеста? Жениться охота!
А вот и невеста, глаза на макушке.
Невесту зовут …

Царевна-лягушка

Уверенный в себе, хоть неумейка,
И от природы он большой зазнайка,
А ну-ка угадать его сумей-ка,
Известен всем под именем …

Незнайка

Гармошка в руках,
На макушке фуражка,
А рядом с ним важно
Сидит Чебурашка.
Портрет у друзей
Получился отменный,
На нём Чебурашка,
А рядом с ним…

Крокодил Гена

Редчайший зверь и прячется в засаде,
Его поймать никто не может.
Он с головами впереди и сзади,
Лишь Айболит нам угадать его поможет.

А ну-ка думай и смекай,
Ведь этот зверь – ...

Тяни-Толкай

Приходит он ко всем глубокой ночью,
И зонтик свой волшебный открывает:
Зонт разноцветный – сон ласкает очи,
Зонт чёрный – снов в помине не бывает.
Послушным детям – зонтик разноцветный,
А непослушным – чёрный полагается.
Он гном-волшебник, многим он известный,
А ну скажи, как гном тот называется.

Оле-Лукойе

Из танцзала короля
Девочка домой бежала,
Туфельку из хрусталя
На ступеньках потеряла.
Тыквой стала вновь карета...
Кто, скажи, девчушка эта?

Золушка

Отвечайте на вопрос:
Кто в корзине Машу нёс,
Кто садился на пенёк
И хотел съесть пирожок?
Сказочку ты знаешь ведь?
Кто же это был? ...

Медведь

Родилась у мамы дочка
Из прекрасного цветочка.
Хороша, малютка просто!
С дюйм была малышка ростом.
Если сказку вы читали,
Знаете, как дочку звали.

Дюймовочка

Кто любил играть и петь?
Два мышонка - Круть и...

Верть

Дед и баба вместе жили,
Дочку из снежка слепили,
Но костра горячий жар
Превратил девчурку в пар.
Дед и бабушка в печали.
Как же их дочурку звали?

Снегурочка

Что за сказка: кошка, внучка,
Мышь, ещё собака Жучка
Деду с бабой помогали,
Корнеплоды собирали?

Репка

Они везде вдвоём всегда,
Зверята — «неразлейвода»:
Он и его пушистый друг,
Шутник, медведик Винни-Пух.
И если это не секрет,
Скорее дайте мне ответ:
Кто этот милый толстячок?
Сын мамы-хрюшки — ...

Пятачок

Она Буратино учила писать,
И ключ золотой помогала искать.
Та девочка-кукла с большими глазами,
Как неба лазурного высь, волосами,
На милом лице — аккуратненький нос.
Как имя её? Отвечай на вопрос.

Мальвина

Сказку быстро вспоминай:
Персонаж в ней — мальчик Кай,
Королева Снежная
Сердце заморозила,
Но девчурка нежная
Мальчика не бросила.
Шла она в мороз, метели,
О еде забыв, постели.

Шла она на помощь другу.
Как зовут его подругу?

Герда

Этот сказочный герой
С хвостиком, усатый,
В шляпе у него перо,
Сам весь полосатый,
Ходит он на двух ногах,
В ярко-красных сапогах.

Кот в сапогах

У этого героя
Дружок есть — Пятачок,
Он Ослику в подарок
Нёс пустой горшок,
Лез в дупло за мёдом,
Пчёл гонял и мух.
Имя медвежонка,
Конечно, — ...

Винни-Пух

Любит есть он бутерброд
Не как все, наоборот,
Он в тельняшке, как моряк.
Звать кота, скажите, как?

Матроскин

В Простоквашино живёт,
Службу там свою несёт.
Почта-дом стоит у речки.
Почтальон в ней — дядя ...

Печкин

Его отца схватил Лимон,
В темницу бросил папу он...
Редиска — мальчика подруга,
Не бросила в беде той друга
И помогла освободиться
Отцу героя из темницы.

И знает каждый без сомнений,
Героя этих приключений.

Чиполлино

На снежных санях Королева
По зимнему небу летела.
Коснулась мальца, невзначай.
Холодным, недобрым стал …

Кай

Носик круглый, пятачком,
Им в земле удобно рыться,
Хвостик маленький крючком,
Вместо туфелек - копытца.
Трое их - и до чего же
Братья дружные похожи.
Отгадайте без подсказки,
Кто герои этой сказки?

Три поросенка

Возле леса, на опушке
Трое их живет в избушке.
Там три стула и три кружки.
Три кроватки, три подушки.
Угадайте без подсказки,
Кто герои этой сказки?

Три медведя

Бабушка девочку очень любила.
Шапочку красную ей подарила.
Девочка имя забыла свое.
А ну, подскажите имя ее.

Красная Шапочка

На сметане мешен,
На окошке стужен,
Круглый бок, румяный бок
Покатился ...

Колобок

Она красива и мила,
А имя ей от слова "зола".

Золушка

У отца был мальчик странный,
Необычный - деревянный.
Но любил папаша сына.
Что за странный
Человечек деревянный
На земле и под водой
Ищет ключик золотой?
Всюду нос сует он длинный.
Кто же это?..

Буратино

Загадки про животных

Заплелись густые травы,
Закудрявились луга,
Да и сам я весь кудрявый,
Даже завитком рога.

Баран

Он кудрявый очень, очень,
Стать шашлыком совсем не хочет,
Среди ярок - великан,
Как зовут его?

Баран

У него огромный рот,
Он зовется ...

Бегемот

Хожу в пушистой шубе,
Живу в густом лесу.

В дупле на старом дубе
Орешки я грызу.

Белка

С ветки на ветку,
Быстрый, как мяч,
Скачет по лесу
Рыжий циркач.
Вот на лету он
Шишку сорвал,
Прыгнул на ствол
И в дупло убежал.

Белка

Кто по ёлкам ловко скачет
И взлетает на дубы?
Кто в дупле орехи прячет,
Сушит на зиму грибы?

Белка

По деревьям скок-скок,
А орешки щёлк-щёлк.

Белка

Зверька узнаем мы с тобой
По двум таким приметам:
Он в шубе серенькой - зимой,
А в рыжей шубке - летом.

Белка

Кто с высоких тёмных сосен
В ребятишек шишку бросил?
И в кусты через пенёк
Промелькнул, как огонёк?

Белка

Есть в реке работники
Не столяры, не плотники,
А выстроят плотину -
Хоть пиши картину.

Бобры

Работящие зверьки
Строят дом среди реки.
Если в гости кто придет,
Знайте, что из речки вход.

Бобры

Есть на речках лесорубы
В серебристо-бурых шубах.
Из деревьев, веток, глины
Строят прочные плотины.

Бобры

Всю жизнь ношу я два горба,
Имею два желудка!
Но каждый горб - не горб, амбар!
Еды в них на семь суток!

Верблюд

Зверь я горбатый,
А нравлюсь ребятам.

Верблюд

На овчарку он похож,
Что ни зуб - то острый нож!
Он бежит, оскалив пасть,
На овцу готов напасть.

Волк

Ёжик вырос в десять раз,
Получился ...

Дикобраз

Сердитый недотрога
Живет в глуши лесной.
Иголок очень много,
А нитки не одной.

Еж

Из иголок колобок.
Кто свернулся здесь в клубок?

Не поймёшь, где хвост, где носик,
На спине продукты носит.
В общем, сразу не поймёшь.
Кто же это всё же?

Ёжик

Вот иголки и булавки
Выползают из-под лавки.
На меня они глядят,
Молока они хотят.

Ёжик

Лежала между ёлками
Подушечка с иголками.
Тихонечко лежала,
Потом вдруг убежала.

Ёжик

В клубок свернётся,
А взять не даётся.

Ёжик

Недотрога, весь в иголках,
Я живу в норе, под ёлкой.
Хоть открыты настежь двери,
Но ко мне не входят звери.

Ёжик

Ползун ползёт,
Иголки везёт.

Ёжик

У меня торчат кругом
Тысячи иголок.
У меня с любым врагом
Разговор короток.

Ёжик

Под соснами, под ёлками
Лежит мешок с иголками.

Ёжик

На спинке иголки
Длинные и колкие.
А свернётся в клубок -
Ни головы нет, ни ног.

Ёжик

Сердитый недотрога
Живёт в глуши лесной:
Иголок очень много,
А нитки - ни одной.

Ёжик

Узнать его нам просто,
Узнать его легко:
Высокого он роста
И видит далеко.

Жираф

Какое животное очень красивое,
Самое высокое, самое длинное?

Жираф

Он ходит, голову задрав,
Не потому, что важный граф,
Не потому, что гордый нрав,
А потому, что он?

Жираф

У косого нет берлоги,
Не нужна ему нора.
От врагов спасают ноги,
А от голода - кора.

Заяц

Зимой беленький,
А летом серенький.
Никого не обижает,
А всех сам боится.

Заяц

Что за зверь лесной
Встал, как столбик, под сосной
И стоит среди травы,
Уши больше головы?

                    Заяц

Не барашек и не кот,
Носит шубу круглый год.
Шуба серая - для лета,
Для зимы - другого цвета.

                    Заяц

Надели коняшки
Морские рубашки.

                    Зебра

Вот так лошадка! -
Воскликнул Андрейка. -
Словно большая
Тетрадка в линейку!

                    Зебра

С бородой, а не старик,
С рогами, а не бык,
Доят, а не корова,
Лыко дерёт,
А лаптей не имеет.

                    Коза

В капусту он забрался осеннею порой:
рогатый и лохматый и с длинной бородой

                    Козел

Не усат, а бородат,
И сердит на всех ребят,
Но не дедушка он всё же.
Угадайте, дети, кто же?

                    Козел

Не пахарь, не столяр,

Не кузнец, не плотник,
А первый на селе работник.

Конь

Рыжий молокозавод
День жует, ночь жует.
Ведь траву не так легко
Переделать в молоко!

Корова

Голодная - мычит,
Сытая - жуёт,
всем ребятам
Молоко даёт.

Корова

Сама пестрая, ест зеленое, дает белое

Корова

Что за зверь со мной играет?
Не мычит, не ржет, не лает,
Нападает на клубки,
Прячет в лапки коготки!

Кот

Без расчески причесался
И умылся без воды,
В кресло мягкое забрался
И запел на все лады.

Кот

Задремлю я - и пою
Песенку тебе свою.
Но когда я на охоте -
Неленивый я в работе.

Кот

Выгнул спинку он дугой,
Замяукал. Кто такой?

Кот

Глазищи, усищи,
Когтищи, хвостище,
А моется всех чище.

Кот

По реке плывёт бревно -
Ох и злющее оно!

Крокодил

В реках Африки живёт
Злой зелёный пароход!

Крокодил

Длинное ухо,
Комочек пуха.
Прыгает ловко,
Грызёт морковку.

Кролик

Вот угадай-ка,
Чей пух на фуфайки,
На шапки, перчатки
Идёт вам, ребятки?

Кролик

Роет, роет,
Ход подземный строит,
Роет, строит ловко
Спальню и кладовку.

Крот

Я, друзья, подземный житель
Землекоп я и строитель,
Землю рою, рою, рою,
Коридоры всюду строю,
А потом построю дом
И живу спокойно в нём.

Крот

В одежде богатой,
Да сам слеповатый.

Живёт без оконца,
Не видывал солнца

Крот

Всё изрыл - и луг, и сад -
Землеройный аппарат.
В темноте в часы прогулки
Рыл под полем переулки.

Крот

Меня слепым зовут всегда,
Но это вовсе не беда.
Я под землёй построил дом,
Все кладовые полны в нём.

Крот

Когда он в клетке, то приятен.
На шкуре много чёрных пятен.
Он хищный зверь, хотя немножко,
Как лев и тигр, похож на кошку.

Леопард

Рыжая плутовка,
Хитрая да ловкая,
В сарай попала,
Кур пересчитала.

Лиса

У кого из зверей
Хвост пушистей и длинней?

Лиса

Трав копытами касаясь,
Ходит по лесу красавец,
Ходит смело и легко,
Рога раскинув широко.

Лось

Уж очень вид у них чудной:
У папы - локоны волной,

А мама ходит стриженой,
На что она обижена.

Львица

Летом по лесу гуляет,
Зимой в берлоге отдыхает.

Медведь

Кто в лесу глухом живёт,
Неуклюжий, косолапый?
Летом ест малину, мёд,
А зимой сосёт он лапу.

Медведь

Вперевалку зверь идёт
По малину и по мёд.
Любит сладкое он очень,
А когда приходит осень,
Лезет в яму до весны,
Где он спит и видит сны.

Медведь

Маленький рост, длинный хвост, серая шубка, острые зубки.

Мышка

Эта маленькая крошка
Рада даже хлебной крошке,
Потому что дотемна
В норке прячется она.

Мышка

Под полом скребусь,
А кошки боюсь.

Мышка

Что за зверь,
Скажите, братцы,
Может сам в себя забраться?

Норка

Не прядёт, не ткёт,
А людей одевает.

Шубу дважды в год снимает.
Кто под шубою гуляет?

Овечка

Носит по лесу весь день
Рога ветвистые ....
Даже на ночь снять рога
Не может он, боясь врага.

Олень

Хоть верь, хоть не верь:
Пробегал по лесу зверь.
Нёс на лбу он неспроста
Два развесистых куста.

Олень

Словно царскую корону,
Носит он свои рога.
Ест лишайник, мох зелёный,
Любит снежные луга.

Олень

Сер, да не волк,
Длинноух, да не заяц,
С копытами, да не лошадь.

Осёл

У него большие уши,
Он хозяину послушен.
И хотя он не велик,
Но везёт, как грузовик.

Осёл

Держит он уши торчком.
Хвост у него крючком.
Лапы положит на грудь:
– Да мне колбаски чуть-чуть!
В щёку лизнет и в нос
Друг мой лохматый …

Пес

Лежит замарашка
В щетинистой рубашке.
Хвост крендельком,
Нос пятачком.

Поросенок

Вместо хвостика - крючок.
Вместо носа - пятачок.
Пятачок дырявый,
А крючок вертлявый.

Поросенок

Меньше тигра, больше кошки,
Над ушами кисти-рожки…

Рысь

Пятак есть, а ничего не купит

Свинья

Очень много силы в нём,
Ростом он почти что с дом.
У него огромный нос,
Будто нос лет тыщу рос.

Слон

В зоопарке,
Верь, не верь,
Проживает
Чудо-зверь.
У него рука - во лбу
Так похожа на трубу!

Слон

Хвостиком виляет, зубаста, а не лает.

Собака

С хозяином дружит,
Дом сторожит,
Живёт под крылечком,
А хвост колечком.

Собака

Ушки чуткие торчком,
Хвост взлохмаченный крючком,
В дом чужого не пущу,
Без хозяина грущу.

Собака

Заворчал живой замок,
Лёг у двери поперёк.

Собака

Собой не птица,
Петь не поёт,
А кто в дом идёт,
Она знать даёт.

Собака

Гладишь - ласкается.
Дразнишь - кусается.
На цепи, сидит,
Дом сторожит.

Собака

Гладкий, бурый, неуклюжий,
Он не любит зимней стужи.
До весны в норе глубокой
Посреди степи широкой
Сладко спит себе зверёк!
Как зовут его?

Сурок

Позапасливее всех я:
У меня, друзья, щека
Вроде сумки для орехов
Или, скажем, вещмешка.

Суслик

Я устраиваюсь ловко:
У меня с собой кладовка.
Где кладовка?
За щекой!

Вот я хитренький какой!

Хомяк

Загадки про птиц

Он живет на крыше дома –
Длинноногий, длинноносый,
Длинношеий, безголосый.
Он летает на охоту
За лягушками к болоту.

Аист

Разносчик добрых он вестей –
Несёт родителям детей.
И, судя по всему, смекалист:
Устроился отлично…

Аист

Буян-мальчишка
В сером армячишке
По дворам шныряет,
Крохи собирает.

Воробей

В серой шубке перовой
И в морозы он герой,
Скачет, на лету резвится,
Не орёл, а всё же птица.

Воробей

Птичка-невеличка
Ножки имеет,
А ходить не умеет.
Хочет сделать шажок -
Получается прыжок.

Воробей

Чик-чирик! К зернышкам прыг!
Клюй, не робей! Кто это?

                  Воробей

Маленький мальчишка в сером армячишке
По дворам шныряет, крохи подбирает,
По ночам кочует - коноплю ворует.

                  Воробей

Кар-кар-кар! Кар-кар-кар! –
Вот и весь репертуар.
Оглашает крону клёна
Своим пением …

                  Ворона

Кар-кар-кар! - кричит плутовка.
Ну и ловкая воровка!
Все блестящие вещицы
Очень любит эта птица!
И она вам всем знакома,
Как зовут ее?

                  Ворона

Весной прилетает птица.
Поле вспашут - там любит кормиться.

                  Грач

Всех перелётных птиц черней,
Чистит пашню от червей.

                  Грач

Летом за пахарем ходит,
А под зиму
С криком уходит.

                  Грач

Черный, проворный,
Кричит "крак" - червякам враг.

                  Грач

Красные лапки,
Длинная шея,

Щиплет за пятки,
Беги без оглядки.

                            Гусь

Бел как снег,
Надут как мех,
На лопатах ходит.

                            Гусь

В воде купался,
А сух остался.

                            Гусь

Длинная шея,
Красные лапки,
Щиплет за пятки,
Беги без оглядки.

                            Гусь

По лужку он важно бродит,
Из воды сухим выходит,
Носит красные ботинки,
Дарит мягкие перинки.

                            Гусь

Спит или купается,
Всё не разувается:
День и ночь на ножках
Красные сапожки.

                            Гусь

Щиплет, а не рак. Шипит, а не гадюка.

                            Гусь

Плотник острым долотом
Строит дом с одним окном.

                            Дятел

В лесу, под щебет, звон и свист,
Стучит лесной телеграфист:

"Здорово, дрозд, приятель!"
И ставит подпись ...

Дятел

Хоть я не молоток -
По дереву стучу:
В нем каждый уголок
Обследовать хочу.
Хожу я в шапке красной
И акробат прекрасный.

Дятел

Кто в беретке ярко-красной,
В черной курточке атласной?
На меня он не глядит,
Все стучит, стучит, стучит.

Дятел

Всё время стучит,
Деревья долбит.
Но их не калечит,
А только лечит.

Дятел

На когтях на ствол сосновый
Влез монтер красноголовый.
Он трудился на весу,
Но не вспыхнул свет в лесу.

Дятел

По дереву стучу,
Что-то я достать хочу.
Хоть и скрылся под корой -
Червячок-то будет мой!

Дятел

Черный жилет, красный берет.
Нос, как топор, хвост, как упор.

Дятел

Я по дереву стучу, червячка добыть хочу,

Хоть и скрылся под корой -
Все равно он будет мой!

                              Дятел

Что за кузнецы в лесу куют?

                              Дятел

В синем небе голосок -
Будто крохотный звонок.

                          Жаворонок

Гнездо своё он в поле вьёт,
Где тянутся растения.
Его и песни и полёт
Вошли в стихотворения!
Хочет – прямо полетит,
Хочет – в воздухе висит,
Камнем падает с высот
И в полях поет, поет.

                          Жаворонок

Встали братья на ходули,
Ищут корма по пути.
На бегу ли, на ходу ли
Им с ходулей не сойти.

                          Журавль

Листья падают с осин,
Мчится в небе острый клин.

                          Журавль

Распускает хвост павлином,
Ходит важным господином,
По земле ногами - стук,
Как зовут его?

                          Индюк

Важно по двору ходил с острым клювом крокодил,
Гголовой весь день мотал, что-то громко бормотал.
Только это, верно, был никакой не крокодил,
А индюшек лучший друг. Угадайте - кто?

                          Индюк

Говорливей не найду
Попугая ...

                        Какаду

Скромен, мал, одет без лоска,
Золотистая полоска
Блещет светом уголька
На головке ...

                        Королек

Слышишь, "ку-ку" раздалось на опушке?
Это доносится голос ...

                        Кукушка

В лесу на ветке она сидит,
Одно "ку-ку" она твердит,
Года она нам всем считает,
Птенцов своих она теряет.
"Ку-ку" то там то тут,
Как птицу эту зовут?

                        Кукушка

Кто на ёлке, на суку
Счёт ведёт: "ку-ку, ку-ку"?

                        Кукушка

Не ворона, не синица, -
Как зовётся эта птица?
Примостилась на суку -
Раздалось в лесу «ку-ку».

                        Кукушка

Квохчет, квохчет,
Детей созывает,
Всех под крыло собирает.

                        Курица

Съем червя, попью водицы,
Хлебных крошек поищу,
А потом снесу яичко,

Ребятишек угощу.

Курица

Шапочка алая,
Жилеточка нетканая,
Кафтанчик рябенький.

Курица

Квохчет, квохчет, детей созывает,
Всех под крыло собирает.

Курица с цыплятами

Сидит птах на белых горах, дожидается из мертвого живого.

Курица-наседка

Кто такой весенним днем
Сплёл рукавичку над окном,
Вывел в ней новых жильцов -
Маленьких таких птенцов?

Ласточка

Прилетает к нам с теплом,
Путь проделав длинный,
Лепит домик под окном
Из травы и глины.

Ласточка

Угадайте, что за птичка
-Тёмненькая невеличка?
Беленькая с живота,
Хвост раздвинут в два конца.

Ласточка

Спереди - шильце, сзади - вильце,
Сверху - черное суконце,
Снизу - белое полотенце.

Ласточка

На скале он строит дом.
Разве жить не страшно в нём?

Хоть кругом и красота,
Но такая высота!
Нет, хозяин не боится
Со скалы крутой скатиться -
Два могучие крыла
У хозяина

                  Орел

Проживает в странах жарких,
А в нежарких - в зоопарках.
И спесив он, и хвастлив,
Потому что хвост красив.
Им любуется он сам
И показывает нам.

                 Павлин

Пышный хвостик этой птицы
Цветами радуги искрится.

                 Павлин

Хвост раскрылся сам собой,
Словно веер расписной.
У хвоста есть властелин,
А зовут его …

                 Павлин

Весь день рыбак в воде стоял,
Мешок рыбёшкой набивал.
Закончил лов, забрал улов,
Поднялся ввысь - и был таков.

                Пеликан

 Кто больше всех кричит, а меньше всех делает.

                 Петух

Всех я вовремя бужу,
Хоть часов не завожу.

                 Петух

Из белого камня родится, весь свет будит.

                 Петух

Он носом в землю постучит,
Взмахнет крылом и закричит.
Кричит он даже сонный,
Крикун неугомонный.

Петух

Не ездок, а со шпорами,
Не сторож, а всех будит.

Петух

Сидел на заборе, пел да кричал,
А как все собрались, взял да замолчал.

Петух

В деревне есть часы такие,
Не мёртвые, а живые.
Ходят без завода,
Они птичьего рода.

Петух

В своей короне красной
Он ходит, как король.
Его ты ежечасно
Выслушивать изволь:
- Я тут! Я начеку-у-у!
Я всех вас допеку-у-у!
Уснули дети. Свет потух.
Молчи, горластенький ...

Петух

Встает на заре,
Поет во дворе,
На голове гребешок.
Кто же это?

Петух

Кричит он громче всех с утра:
- Вставать пора! Вставать пора!
Всю жизнь несет он службу
И с солнцем водит дружбу.

Петух

Кто так заливисто поёт
О том, что солнышко встаёт?

                    Петух

У бравого вояки красная пилотка
Сапоги со шпорами и важная походка
Пестрый мундир, у кур он командир.

                    Петух

Не царь, а в короне,
не всадник, а со шпорами,
не будильник, а всех будит.

                    Петух

Он в мундире ярком, шпоры для красы
Днем он - забияка, поутру - часы.

                    Петух

Два раза родился, ни разу не крестилка, всем людям пророк

                    Петух

Хвост с узорами, сапоги со шпорами,
Песни распевает, время считает.

                    Петух

Беленькие перышки,
Красный гребешок.
Кто это на колышке?

                    Петя-петушок

Хвост с узорами, сапоги со шпорами,
Беленькие перышки, красный гребешок.
Кто это на колышке?

                    Петя-петушок

Раньше всех встает,
"Ку-ка-ре-ку!" поет.

                    Петушок

Кто так заливисто поет

о том, что солнышко встает?

Петушок

Скажи ты мне, какой чудак
И днем и ночью носит фрак?

Пингвин

В клетке целый день сидит,
И под нос себе твердит,
Но услышав двери скрип,
Он кричит "Филипп-Филипп",
Кеше пить быстрее дай,
Кто же это - ...

Попугай

Кто два раза родится:
В первый раз гладкий,
Во второй раз мягкий?

Птица

Спинкою зеленовата,
Животиком желтовата,
Чёрненькая шапочка
И полоска шарфика.

Синичка

Синяя косынка, темненькая спинка.
Маленькая птичка Звать её ...

Синичка

На шесте - дворец,
Во дворце - певец.

Скворец

Он прилетает каждый год
Туда, где домик ждёт.
Чужие песни петь умеет,
А всё же голос свой имеет.

Скворец

Красногрудый, чернокрылый,

Любит зёрнышки клевать,
С первым снегом на рябине
Он появится опять.

Снегирь

Чернокрылый,
Красногрудый
И зимой найдет приют:
Не боится он простуды
- С первым снегом
Тут как тут!

Снегирь

Зимой на ветках яблоки!
Скорей их собери!
И вдруг вспорхнули яблоки,
Ведь это ...

Снегири

Пусть я птичка-невеличка,
У меня, друзья, привычка -
Как начнутся холода,
Прямо с севера сюда.

Снегирь

Угадайте, что за птица
Света яркого боится,
Клюв крючком, глаз пятачком?

Сова

Всю ночь летает -
Мышей добывает.
А станет светло -
Спать летит в дупло.

Сова

Два огромных страшных глаза
Кругом вертит голова,
Ты её узнаешь сразу,
Коль заухает ...

Сова

Очень странный почтальон:
 Не маггл, не волшебник он.
Доставит письма и газеты,
Несет посылку на край света,
Хранить умеет все секреты.
Крылат и смел, и зорок он.
Кто же этот почтальон?

Сова

Днем спит, ночью летает.

Сова

И в лесу, заметьте, дети,
Есть ночные сторожа.
Сторожей боятся этих
Мыши, прячутся, дрожа!
Очень уж суровы
Филины и ...

Совы

Кто без нот и без свирели
Лучше всех выводит трели,
Голосистее, нежней?
Кто же это?

Соловей

Настолько здорово поёт,
Что каждый сразу узнаёт.
А с виду – маленькая птичка:
Невзрачная и невеличка.

Соловей

Серая птаха в лесу живет,
Повсюду чудесным певцом слывет.

Соловей

Каждый вечер спать ложусь,
В комнате один я не боюсь.
Засыпаю сладко я,
Под пенье птицы - ...

Соловья

Все стрекочет и вертится,
Ей на месте не сидится,
Длиннохвоста, белобока
Вороватая …

                     Сорока

Трещала с самого утра: "Пор-р-ра! Пор-р-ра!"
А что пора? Какая с ней морока,
Когда трещит …

                     Сорока

Всех за день я навещу,
Всё, что знаю, растрещу!

                     Сорока

Верещунья белобока,
А зовут ее …

                     Сорока

Вертится, стрекочет,
Весь день хлопочет.

                     Сорока

Непоседа пёстрая,
Птица длиннохвостая,
Птица говорливая,
Самая болтливая.

                     Сорока

Длинная шея и длинные ноги.
Он может, как лошадь,
Бежать по дороге.

                     Страус

Эта птица хоть куда!
Не летает никогда,
Только бегает, как ветер.
Знают птицу все на свете.

                     Страус

Пестрая крякуша
Ловит лягушек?

Утка

Под дождем она гуляет,
Щипать травку обожает,
Кря кричит, Все это шутка,
Ну конечно это - ...

Утка

Вдоль по речке, по водице
Плывет лодок вереница,
Впереди корабль идет,
За собою их ведет,
Весел нет у малых лодок,
А кораблик больно ходок.
Вправо, влево, взад, вперед
Всю ватагу повернет.

Утка с утятами

Удивительный ребенок!
Только вышел из пеленок,
Может плавать и нырять,
Как его родная мать.

Утенок

Воздух режут без усилья,
Как серпы кривые крылья.
Промелькнет – не разглядишь,
Так летает только ...
Удивительный ребенок!
Только вышел из пеленок,
может плавать и нырять,
как его родная мать.

Утенок

Пушистый матросик,
Лопаточкой носик.
На ножках коротеньких -
Красные ботинки.

Утенок

Днём сидит он, как слепой,
А лишь вечер - за разбой.

Филин

Ночью в рощах и лесах
Уханье наводит страх,
Страшен дикий крик и силен,
Так кричит огромный ...

Филин

На одной ноге стоит, в воду пристально глядит.
Тычет клювом наугад - ищет в речке лягушат.

Цапля

Клюв у этой птицы -
Как длиненькие спицы.
Она по болоту гуляет,
Лягушек поджидает.

Цапля

Так важно она по болоту шагает!
И живность болотная прочь убегает.
Ведь если лягушка укрыться не сможет,
То этой лягушке никто не поможет.

Цапля

У меня ходули -
Не страшит болото.
Лягушат найду ли -
Вот моя забота.

Цапля

Весь я золотистый,
Мягкий и пушистый.
Я у курицы - ребёнок,
А зовут меня ...

Цыпленок

Домик круглый, домик белый,
Домик был сначала целый,

А как треснул наконец,
Так и выскочил жилец!

Цыпленок

Явился в желтой шубке:
Прощайте, две скорлупки!

Цыпленок

Белокрылая птица
Над морем летает,
Рыбу увидит -
Клювом хватает

Чайка

Над волной она летает,
Рыбу из воды хватает,
Провожает корабли
И встречает близ земли.

Чайка

Ест, висит на тонких ветках,
Часто дети держат в клетках,
Глянь-ка, коли разглядишь:
Изжелта-зеленый …

Чиж

На репье он очень ловко
Треплет цепкие головки,
Сыплет семечки на пол
Птичка бойкая …

Щегол

Птица сверху налетает
И цыплят внизу хватает.

Ястреб

Загадки про цветы

Я в зимнем саду
Целый день проведу.
Захвачу акварельные краски.
Нарисую...

                    Анютины глазки

Красивые цветочки
Расцвели в саду,
Запестрели красками,
А осень на носу.

                    Астры

Колосится в поле рожь.
Там, во ржи, цветок найдешь.
Ярко-синий и пушистый,
Только жаль, что не душистый.

                    Василек

На воде растёт цветок -
Одет в нежно-розовый лепесток.

                    Водяная лилия

Все знакомы с нами:
Яркие, как пламя,
Мы однофамильцы
С мелкими гвоздями.
Полюбуйтесь дикими
Алыми ...

                    Гвоздиками

На клумбе у окошка
Посажена картошка.
Цветки её огромные
И светлые, и тёмные.

                    Георгин

На шесте - флаги,

Под шестом - шпаги.

Гладиолус

Я - травянистое растение
С цветком сиреневого цвета.
Но переставьте ударение,
И превращаюсь я в конфету.

Ирис

На окне, на полке
Выросли иголки
Да цветки атласные -
Алые и красные.

Кактус

Синенький звонок висит,
Никогда он не звенит.

Колокольчик

Нам запах свежести лесной
Приносит позднею весной
Цветок душистый, нежный,
Из кисти белоснежной.

Ландыш

Вася в класс принес цветы
Небывалой красоты.
Лепестки как из пластмассы
У цветов Василия.
Дайте поскорее вазу,
Он поставит ...

Лилии

Голова на ножке, в голове горошки.

Мак

Жёлтые, пушистые
Шарики душистые.
Их укроет от мороза
В своих веточках ...

Мимоза

Цветочек этот голубой
Напоминает нам с тобой
О небе — чистом-чистом,
И солнышке лучистом.

Незабудка

Золотой и молодой
За неделю стал седой,
А денечка через два
Облысела голова.
Спрячу-ка в карманчик
Бывший ...

Одуванчик

Был скован ознобом
И спал под сугробом.
Весной раскустился,
К лету распустился,
Стал белым, как невеста,
И красным, прелестным.

Пион

Весной от снега очищаются
И хвоя, и валежник.
И первым появляется
В проталине ...

Подснежник

У извилистой дорожки
Растёт солнышко на ножке.
Как дозреет солнышко,
Будет горстка зёрнышек.

Подсолнух

Посмотрите - у ограды
Расцвела царица сада.
Не тюльпан и не мимоза,
А в шипах красотка ...

Роза

Белая корзинка –
Золотое донце,
В ней лежит росинка
И сверкает солнце.

Ромашка

На листочках там и тут
Фиолетовый салют.
Это в теплый майский день
Распускается ...

Сирень

Из луковки вырос,
Но в пищу негож.
На яркий стаканчик
Цветок тот похож.

Тюльпан

На солнечной опушке
В траве стоит она.
Лиловенькие ушки
Тихонько подняла.
И тут поможет нам
смекалка -
Все зовут цветок ...

Фиалка

Вот колючие кусты,
Лучше их не трогай ты.
Родственник красотки розы
Затаил в шипах угрозу.
Хоть не кактус, не терновник,
Но колюч в саду ...

Шиповник

Загадки про деревья

Русская красавица
Стоит на поляне
В зеленой кофточке,
В белом сарафане.

Берёза

Белоствольные красавицы
Дружно встали у дорожки,
Книзу веточки спускаются,
А на веточках сережки.

Берёзы

Клейкие почки,
Зеленые листочки.
С белой корой
Стоит под горой.

Берёза

Белые овечки бегают по свечке.

Верба

Его весной и летом
Мы видели одетым,
А осенью с бедняжки
Сорвали все рубашки.

Дерево

Не загадка это даже,
Сразу назовем,
Если только кто-то скажет -
Желуди на нем!

Дуб

В этот гладкий коробок
Бронзового цвета
Спрятан маленький дубок
Будущего лета.

Желудь

Что же это за девица:
Не швея не мастерица,
Ничего сама не шьет,
А в иголках круглый год.

Елка

Кудри в речку опустила
И о чем-то загрустила,
А о чем она грустит,
Никому не говорит.

Ива

Дом со всех сторон открыт,
Он резною крышей крыт.
Заходи в зелёный дом,
Чудеса увидишь в нём.

Лес

С моего цветка берет
Пчелка самый вкусный мед.
А меня же обижают:
Шкуру тонкую сдирают.

Липа

Есть у родственницы елки
Неколючие иголки,
Но, в отличие от елки,
Опадают те иголки.

Лиственница

Очень густо он растет,
Незаметно он цветет,
А когда проходит лето,
Мы едим его конфеты,
Не в бумажке, а в скорлупке –
Берегите, детки, зубки!

Орешник

Все в покое, замер ветер
И деревья все молчат...

Нет, не все еще - у этих
Листья тихо шелестят.

Вот свершилась злая доля,
Было дерево когда-то,
А теперь тут круглый столик
И за ним сидят опята.

Малы и неказисты
И скромно зеленеют,
Но осенью их листья
И ягоды краснеют.

Все знают, что у елки
Не листья, а иголки,
И так же, как она
С иголками ...

Из деревьев ранним летом
Вдруг снежинки запорхают,
Но не радует нас это -
Мы от этого чихаем.

То ли с крыши, то ли с неба –
Или вата, или пух.
Или, может, хлопья снега
Появились летом вдруг?
Кто же их исподтишка
Сыплет будто из мешка?

В нем почти сто метров роста:
На него залезть не просто!
У него одна работа –
Осушение болота.

Загадки про семью и друзей

Кто любить не устает,
Пироги для нас печет,
Вкусные оладушки?
Это наша...

Бабушка

Я у мамы не один,
У неё ещё есть сын,
Рядом с ним я маловат,
Для меня он — старший...

Брат

Он трудился не от скуки,
У него в мозолях руки,
А теперь он стар и сед —
Мой родной, любимый...

Дед

Кто же с маминой сестрой
Приезжает к нам порой?
На меня с улыбкой глядя,
Здравствуй! — говорит мне...

Дядя

Кто милее всех на свете?
Кого любят очень дети?
На вопрос отвечу прямо:
— Всех милее наша...

Мама

Кто нежнее всех на свете?
Кто готовит нам обед?
И кого так любят дети?
И кого прекрасней нет?
Кто читает на ночь книжки?
Разгребая горы хлама,

Не ругает нас с братишкой.
Кто же это? Наша...

Мама

В школе сложная программа,
Но всегда поможет...

Мама

Днем работает она,
Вечером она — жена,
Если праздник, она — дама,
Кто же это? Моя...

Мама

Фотография стоит
В золотистой рамочке,
Чей взгляд солнцем согревает?
Взгляд любимой...

Мамочки

Кто не в шутку, а всерьёз
Нас забить научит гвоздь?
Кто научит смелым быть?
С велика упав, не ныть,
И коленку расцарапав,
Не реветь? Конечно ...

Папа

Кто любимей всех на свете?
И за всю семью в ответе?
От зарплаты до зарплаты
Что б мы делали без ...

Папы

Без чего на белом свете
Взрослым не прожить и детям?
Кто поддержит вас, друзья?
Ваша дружная...

Семья

Это слово каждый знает,
Ни на что не променяет!

К цифре «семь» добавлю «я» —
Что получится?

Семья

Кто любит и меня, и братца,
Но больше любит наряжаться? —
Очень модная девчонка —
Моя старшая...

Сестренка

Мамы старшая сестра —
С виду вовсе не стара,
С улыбкой спросит: Как живете?
Кто в гости к нам приехал?

Тётя

Мы в беде друг другу помогаем,
Вместе делаем уроки и играем,
Вместе ходим на прогулку, в магазин.
Когда нет тебя, то я один.
Приходи скорее, я скучаю,
Даже в игры без тебя я не играю.
Мне общение с тобою очень нужно,
А еще нужна мужская...

Дружба

На контрольной даст списать,
С ним всегда легко болтать.
Если надо, даст совет,
Знает мой любой секрет.

Друг

Говорят, что мы похожи.
Отвечаем: «Ну и что же?».
Говорят, что неразлучны.
Друг без друга вправду скучно.
Говорят, что мы болтушки...
Ну и что! Ведь мы...

Подружки

Радость делит он со мной,
За меня всегда горой.
Коль беда случится вдруг,
Мне поможет верный...

                           Друг

Загадки про школу

Большой, просторный, светлый дом.
Ребят хороших много в нём.
Красиво пишут и читают.
Рисуют дети и считают.

                         Школа

В этот день гурьбой весёлой
Дружно мы шагаем в школу.

             Первое сентября

Каждый год школа дверь открывает.
С теплотой всех детей принимает.
Малыши - новосёлы вселяются.
Знаешь ты, как они называются?

              Первоклассники

Ученикам велит садиться.
Затем вставать и расходиться.
В школе многим он велит,
Ведь звонит, звонит, звонит.

                  Звонок

Загадка про школу,
про тот самый срок,
Который ребятам
Прозвонит звонок.

                  Урок

У меня внутри в порядке
В стопках книжки и тетрадки.

Школьный портфель

Стоит чудесная скамья,
На ней уселись ты да я.
Скамья ведет обоих нас
Из года в год,
Из класса в класс.

Стол-парта

В школьном портфеле тетрадка,
А что за тетрадка - загадка.
Получит оценку в неё ученик,
А вечером маме покажет...

Дневник

Как ты учишься расскажет,
Все оценки вмиг покажет.

Дневник

На её листочках
И цифры есть и буквы в строчку.
Листочки в клетку и в линейку,
Писать в ней ровно ты сумей-ка!

Тетрадь

Свою косичку без опаски
Она обмакивает в краски.
Потом окрашенной косичкой
В альбоме водит по страничке.

Кисточка

Остро носик ты заточешь.
Нарисуешь всё, что хочешь.
Будет солнце, море, пляж.
Что же это?

Карандаш

Острым клювиком, как птичка,
Водит ровно по страничке.

И в твоей тетрадке
Должны быть строчки гладки.

Ручка

Рисовать плакаты мастер - яркий, тоненький ...

Фломастер

Я маленькая прачка, друзья,
Стираю старательно я.
Если работу мне дашь -
Зря трудился карандаш.

Ластик

В руках учителя растаял.
На школьной доске следы оставил.

Мел

Я с учителем дружу.
На доске всё покажу.
Следишь за мной ты без опаски.
Знаешь, кто я? Я - ...

Указка

Я сама прямая.
Рисовать вам помогаю.
Что-нибудь ты без меня
Начертить сумей-ка.
Угадайте-ка, ребята,
Кто же я? - ...

Линейка

Я всё знаю, всех учу,
А сама всегда молчу.
Чтоб со мною подружиться,
Нужно чтению учиться.

Книга

Загадки про буквы

Чёрные птички на каждой страничке
Молчат, ожидают, кто их отгадает.

Буквы

Буквы-значки, как бойцы на парад,
В строгом порядке построены в ряд.
Каждый в условленном месте стоит
А называется строй ...

Алфавит

Самая первая, самая важная
Эта буква в алфавите глава.
Айболита если встретишь,
Тут же скажешь букву ...

А

Все барашки букву знают,
Только чуточку смягчают.
Известно мне да и тебе,
Что эта буква — буква ...

Б

Волку, волчонку и волчице
Немножко нужно подучиться.
Они совсем не знают, вот беда!
С какой же буквы начались их имена?

В

Если букву потерять,
Гусь не сможет гоготать,
Гавкать пес цепной не сможет.
Что за буква? Кто поможет?

Г

Дельфин, весёлый наш дельфин,
Играет в море не один,

Там два дельфина на воде,
Играя, учат букву ...

Д

Енот жуёт, жуёт енот,
Ежевику он жуёт,
И на розовой стене
Он рисует букву ...

Е

Узнаешь сразу ты её,
с двумя глазами буква ...

Ё

Целый час жужжит уже
На цветочке буква ...

Ж

Буква вид наш отражает,
Рыцарю смотреть мешает,
Хоть не ест, но всё жует,
Воробей её клюет.

З

Буква рыбкой стать мечтает,
На ветвях зимой сверкает,
Вьется стайкой над костром
И лежит на дне речном.

И

Этой буквой мажут раны,
Часто завтракают мамы -
Им давно рецепт знаком
Свежих фруктов с молоком.

Й

Кошка, миленькая кошка,
Поиграй ты с ней немножко,
С кошкой ты, наверняка,
Не забудешь букву ...

К

Эта буква вместе с «Я»
Нотою бывает,
И ее мои друзья
Часто напевают.

Л

Давно известно детям всем:
Корова любит букву ...

М

«П» в другую букву можно
Очень быстро превратить.
Перекладинку немножко
Нужно только опустить!

Н

В этой букве нет углов
И она бы укатилась,
Если масса разных слов
Без нее бы обходилась!

О

С этой буквой веселей!
Ну и как не улыбнуться -
Повисеть могу на ней,
А еще и подтянуться!

П

Буква в кипятке краснеет,
Возвращаться не умеет,
Всё хватает, всё берет,
Громче голоса орет.

Р

Слон по Африке гулял,
Длинным хоботом вилял,
А потом вдруг взял он и исчез:
Превратился в букву ...

С

Она на антенну похожа
И на зонт как будто тоже.

                                                     Т

Если сделаю я губки
Очень тоненькою трубкой,
Звук потом произнесу,
То услышу букву ...

                                                     У

Если маленькой чертой
Букву «О» перечеркнем,
Потеряем букву «О»,
Но другую мы найдем!

                                                     Ф

Ею можем обозначить
Что в задачке неизвестно,
А взглянув на все иначе,
В ней увидим просто крестик!

                                                     Х

Букву «П» перевернули,
Справа хвостик пристегнули,
Завернули на конце,
Получили букву ...

                                                     Ц

Очень часто под окошко
Воробьишки прилетают,
Очень шумно и дотошно
Эту букву обсуждают!

                                                     Ч

Для шипенья хороша
В алфавите буква ...

                                                     Ш

Не получится борща,
Если нет в нем буквы ...

                                                     Щ

Разделять всех он мастак,
Безголосый ...

Ъ

Что за гласная такая,
Не простая, а двойная,
И поклясться я готов -
Нет ее в начале слов!

Ы

Безголосый он добряк,
Всё смягчает ...

Ь

Что мне делать, как мне быть?
Как исправить мне язык? -
Я ее произносить
Вместо паузы привык!

Э

Взяли «Н» и справа ножку
Растянули мы немножко,
Да свернули буквой «О»-
Ну, и что произошло?

Ю

Эта буква - это слово,
В путь всегда оно готово.
О себе рассказ начнешь,
Вот её и назовёшь!

Я

Загадки про цифры

Проживают в умной книжке
Хитроумные братишки.

Десять их, но братья эти
Сосчитают все на свете.

Цифры

С хитрым носиком сестрица
Счёт откроет ...

Единица

Лебедь плавает в тетрадке,
Значит что-то не в порядке.
Если ты совсем Незнайка,
Цифру эту получай-ка.

Двойка

Цифру эту угадай-ка!
Она большая зазнавай-ка.
Единицу сложишь с двойкой,
И получишь цифру ...

Тройка

Кто-то ночью старый стул
Спинкой вниз перевернул.
И теперь у нас в квартире
Стал он цифрою ...

Четыре

Если ДВА перевернуть
И внимательно взглянуть,
Так и сяк взглянуть опять,
То получим цифру ...

Пять

Если навесной замок
Вверх поднимет хоботок,
То тогда увидим здесь
Не замок, а цифру ...

Шесть

На косу она похожа,
Но косить траву не может —

Не наточена совсем
И не косит цифра …

Семь

Эта циферка с секретом.
И зимой, и жарким летом
Различишь едва-едва,
Где в ней ноги, голова.

Восемерка

Цифра шесть перевернулась,
Новой цифрой обернулась!

Девять

Нолик, стань за единицей,
За своей родной сестрицей.
Только так, когда вы вместе,
Называть вас будут ...

Десять

Он похож на колобок,
Он пузат и круглобок.
На него похожа Кошка,
Если сложится в клубок.

Ноль

Загадки про спорт

В этом спорте игроки
Все ловки и высоки.
Любят в мяч они играть
И в кольцо его кидать.
Мячик звонко бьет об пол,
Значит, это ...

Баскетбол

Стань-ка на снаряд, дружок.
Раз – прыжок, и два – прыжок,
Три – прыжок до потолка,
В воздухе два кувырка!
Что за чудо-сетка тут?
Для прыжков снаряд — ...

Батут

Очень трудно быть, не спорьте,
Самым метким в этом спорте.
Просто мчаться по лыжне,
То под силу даже мне.
Сам попробуй бегать день,
А потом попасть в мишень,
Лежа навзничь, из винтовки.
Тут нельзя без тренировки!
А мишень тебе не слон.
Спорт зовётся ...

Биатлон

По воротам бьет ловкач,
Плавая, бросает мяч.
А вода здесь вместо пола,
Значит, это ...

Ватерполо

Здесь команда побеждает,
Если мячик не роняет.
Он летит с подачи метко
Не в ворота - через сетку.
И площадка, а не поле
У спортсменов в ...

Волейболе

Конь, канат, бревно и брусья,
Кольца с ними рядом.
Перечислить не берусь я
Множество снарядов.
Красоту и пластику
Дарит нам ...

Гимнастика

Я смотрю - у чемпиона
Штанга весом в четверть тонны.
Я хочу таким же стать,
Чтоб сестренку защищать!
Буду я теперь в квартире
Поднимать большие ...

Гири

Без весла не обойдёшься,
Если спортом тем займёшься.
А как занятие зовут,
Где в лодке к финишу плывут?

Гребля

То вприпрыжку, то вприсядку
Дети делают ...

зарядку

Как солдата нет без пушки,
Хоккеиста нет без ...

Клюшки

Кто на льду меня догонит?
Мы бежим вперегонки.
А несут меня не кони,
А блестящие ...

Коньки

Деревянных два коня
Вниз с горы несут меня.
Я в руках держу две палки,
Но не бью коней, их жалко.
А для ускоренья бега
Палками касаюсь снега.

Лыжи

Я его кручу рукой,
И на шеи и ногой,
И на талии кручу,
И ронять я не хочу.

Обруч

Снаряд есть у боксёров — груша.
А в этом спорте «фрукт» получше.
Там забивает мяч спортсмен
В ворота в виде буквы Н,
На сливу очень мяч похож.
Вид спорта этот назовёшь?

Регби

Есть у нас коньки одни,
Только летние они.
По асфальту мы катались
И довольными остались.

Ролики

Вот полозья, спинка, планки –
А всё вместе это – ...

Санки

Коль крепко дружишь ты со мной,
Настойчив в тренировках,
То будешь в холод, в дождь и зной
Выносливым и ловким.

Спорт

Соберем команду в школе
И найдем большое поле.
Пробиваем угловой -
Забиваем головой.
И в воротах пятый гол!
Очень любим мы ...

Футбол

Там в латах все на ледяной площадке
Сражаются, сцепились в острой схватке.
Болельщики кричат: «Сильнее бей!»
Поверь, не драка это, а — ...

Хоккей

Гоняют клюшками по льду
Её у нас всех на виду.

Она в ворота залетит,
И кто-то точно победит.

Шайба

На квадратиках доски
Короли свели полки.
Нет для боя у полков
Ни патронов, ни штыков.

Шахматы

Загадки про овощи и фрукты

Что за фрукт поспел в садочке?
Кость внутри, в веснушках щечки.
Прилетел к нему рой ос —
Сладок мягкий...

Абрикос

Жарким солнышком согрет,
В шкурку, как в броню, одет.
Удивит собою нас
Толстокожий...

Ананас

Этот плод едва обнимешь, если слаб, то не поднимешь,
На куски его порежь, мякоть красную поешь.

Арбуз

Кафтан на мне зеленый,
А сердце, как кумач.
На вкус, как сахар сладок,
На вид-похож на мяч.

Арбуз

Он большой, как мяч футбольный,
Если спелый - все довольны.

Так приятен он на вкус!
Что это за мяч?

Арбуз

Знают этот фрукт детишки,
Любят есть его мартышки.
Родом он из жарких стран
В тропиках растет...

Банан

На шнурочке-стебелёчке
Сладких ягод груда
На большое блюдо.

Виноград

Он на юге вырастал
В гроздь плоды свои собрал.
А суровою зимой
Придет изюмом к нам домой.

Виноград

Мала, как мышь,
Красна, как кровь,
Вкусна, как мед.

Вишня

Была зеленой маленькой,
Потом я стала аленькой,
На солнце почернела я,
И вот теперь я спелая.

Вишня

Как мяч, кругла,
Мне в рот легла.

Вишня

Хоть чернил он не видал,
Фиолетовым вдруг стал,
И лоснится от похвал
Очень важный...

Баклажан

Дом зеленый тесноват:
Узкий длинный, гладкий.
В доме рядышком сидят
Круглые ребятки.
Осенью пришла беда -
Треснул домик гладкий,
Поскакали кто куда
Круглые ребятки.

                    Горох

Голова на ножке, в голове горошки.
                    Горох

На жарком солнышке подсох
И рвется из стручков ...
                    Горох

Дом зеленый тесноват:
Узкий длинный, гладкий.
В доме рядышком сидят
Круглые ребятки.
Осенью пришла беда -
Треснул домик гладкий,
Поскакали кто куда
Круглые ребятки.

                    Горох

Маленькая печка с красными угольками.
                    Гранат

Что за плод - шкатулочка с секретом!
Семена - вкусняшные на вид,
Все прозрачные, все розового цвета,
Потрясешь, как странно, не звенит.
                    Гранат

Жёлтый шар, слегка горчит.
Летом жажду утолит.
                    Грейпфрут

Этот фрукт на вкус хорош
И на лампочку похож.

                              Груша

Круглобока, желтолица,
Может с солнышком сравниться.
А душистая какая,
Мякоть сладкая такая!
Мы поклонники отныне
Королевы поля...

                              Дыни

В этот гладкий коробок
Бронзового цвета
Спрятан маленький дубок
Будущего лета.

                              Желудь

Что это за рысачок
Завалился на бочок?
Сам упитанный, салатный.
Верно, детки…

                              Кабачок

Сто одежек -
Все без застежек.

                              Капуста

Стоит поп низок, на нем сто ризок.

                              Капуста

Зеленая толстуха
Надела уйму юбок,
Стоит теперь на грядке
Как балерина в пачке.

                              Капуста

Уродилась я на славу,
Голова бела, кудрява.
Кто любит щи -
Меня в них ищи.

                              Капуста

Лоскуток на лоскутке - зеленые заплатки,
Целый день на животе нежится на грядке.

Капуста

Как надела сто рубах,
Захрустела на зубах.

Капуста

Был ребенок — не знал пеленок, стал стариком - сто пеленок на нем.

Капуста

Не шит, не кроен,
А весь в рубцах;
Без счету одежек,
А все без застежек.

Кочан капусты

Она прячется от солнца
Под кустом в глубокой норке,
Бурая – не мишка,
В норке - но не мышка.

Картошка

Возле дома, меж кустов,
В поле, в грядке, вдоль лесов,
Растет важная культура,
С крепкой, плотною фактурой.
Клубни все мы соберем,
Высушим и приберем,
Будем кушать до весны,
Яства из нее вкусны.

Картошка

Закопали в землю в мае
И сто дней не вынимали,
А копать под осень стали
Не одну нашли, а десять.

Картошка

Неказиста, шишковатая,
А придет на стол она,
Скажут весело ребята:
"Ну, рассыпчатая, вкусна!"

Картошка

Запеканки, драники,
Оладьи и пюре,
Зразы и вареники,
Печёнки в кожуре,
И отличную окрошку
Можно сделать из...

Картошки

И зелен, и густ на грядке вырос куст.
Покопай немножко: под кустом ...

Картошка

В этих желтых пирамидках
Сотни зерен аппетитных.

Кукуруза

Желтый цитрусовый плод
В странах солнечных растёт.
Но на вкус кислейший он,
А зовут его...

Лимон

Он почти как апельсин,
С толстой кожей, сочный,
Недостаток лишь один -
Кислый очень, очень.

Лимон

Сидит дед во сто шуб одет,
Кто его раздевает,
Тот слезы проливает.

Лук

Он от мыши полевой,
Скрылся в землю с головой,

Сверху лишь тугие стрелы,
К солнцу тянутся умело.
Лечит от семи недуг,
Всем полезный спелый…

                        Лук

Что без боли и без печали доводит до слез?

                        Лук

Чесноку любимый брат,
И никто не виноват,
Что его кто тронет,
Вмиг слезу обронит.

                        Лук

Пришел барин с грядки, весь в заплатках, кто ни взглянет, всяк заплачет.

                        Лук

Сидит дед во сто шуб одет,
Кто его раздевает,
Тот слезы проливает.

                        Лук

Никого не огорчает,
А всех плакать заставляет.

                        Лук

Заставит плакать всех вокруг,
Хоть он и не драчун, а …

                        Лук

Скинули с Егорушки
Золотые перышки,
Заставил Егорушка
Плакать и без горюшка.

                        Лук

Прежде чем его мы съели,
Все наплакаться успели.

                        Лук

Золотистый и полезный,
Витаминный, хотя резкий,
Горький вкус имеет он.
Когда чистишь – слезы льешь.

Лук

Апельсина брат меньшой,
Потому как небольшой.

Мандарин

Красна девица
Сидит в темнице,
А коса на улице.

Морковь

За кудрявый хохолок
Лису из норки поволок.
На ощупь - очень гладкая,
На вкус - как сахар сладкая.

Морковь

Шел долговяз, во сырой земле увяз.

Морковь

Расту в земле на грядке я,
Красная, длинная, сладкая.

Морковь

Красный нос в землю врос,
А зеленый хвост не нужен,
Нужен только красный нос.

Морковь

Огородная краля
В оранжевом платье
Притаилась в погребке,
Лишь коса на бугорке.

Морковь

Я длинный и зеленый, вкусен я соленый,
Вкусен и сырой. Кто же я такой?

Огурец

На грядке длинный и зелёный,
А в кадке жёлтый и солёный.

Огурец

Наши поросятки выросли на грядке,
К солнышку бочком, хвостики крючком.
Эти поросятки играют с нами в прятки.

Огурцы

Как на грядке под листок
Закатился чурбачок -
Зеленец удаленький,
Вкусный овощ маленький.

Огурец

Он бывает, дети, разный –
Желтый, травяной и красный.
То он жгучий, то он сладкий,
Надо знать его повадки.
А на кухне – глава специй!
Угадали? Это…

Перец

Плод этот сладкий
И круглый, и гладкий.
Внутри он душистый
Снаружи пушистый.

Персик

Это вовсе не игрушка -
Ароматная…

Петрушка

Это вовсе не игрушка -
Ароматная…

Петрушка

Как на нашей грядке
Выросли загадки
Сочные да крупные,
Вот такие круглые.

Летом зеленеют,
К осени краснеют.

Помидоры

Щеки розовые, нос белый,
В темноте сижу день целый.
А рубашка зелена,
Вся на солнышке она.

Редиска

То она "сосулька",
То румянцем пышет,
Но вкусна в салате
Горькая…

Редиска

Кругла, а не луна, бела, а не бумага, с хвостиком, а не мышь.

Репа

Кругла, а не месяц,
Желта, а не масло,
Сладка, а не сахар,
С хвостом, а не мышь.

Репа

В землю - блошкой,
Из земли-лепешкой.

Репа

Ее тянут бабка с внучкой,
Кошка, дед и мышка с Жучкой.

Репка

Кругла да гладка,
Откусишь-сладка.
Засела крепко
На грядке …

Репка

Круглый бок, жолтый бок,
Сидит в грядке колобок.

Врос в землю крепко.
Что же это?

Репка

Над землей трава,
Под землей бордовая голова.

Свекла

Вверху зелено, внизу красно,
В землю вросло.

Свекла

Кругла обычно, и красна как зорька
В борще, в салате…Это…

Свекла

Хотя я сахарной зовусь,
Но от дождя я не размокла,
Крупна, кругла, сладка на вкус,
Узнали вы, кто я? …

Свекла

Семьсот поросят на колышке висят.

Связка луковиц

У арбуза много груза,
Груз арбузу не обуза.
А внутри весь-весь арбуз
Полон черных мокрых бус.

Семечки арбуза

Без окон без дверей
Полна горница людей.

Семечки огурца

Синий мундир, белая подкладка,
В середине - сладко.

Слива

На сучках висят шары,
Посинели от жары.

Слива

Было зеленое платье-атласное,
Нет, не понравилось выбрала красное,
Но надоело также и это
Платье надела синего цвета.

Слива

Снесли птички
Синеньки яички,
Развесили по дереву:
Скорлупка мяконька,
Белок сладенький,
А желток костяной.

Слива

В огороде - желтый мяч,
Только не бежит он вскачь,
Он как полная луна,
Вкусные в нем семена.

Тыква

Желтым зонтиком расцвел
Друг всех овощей…

Укроп

В огороде хоть росла,
Знает ноты соль и фа.

Фасоль

Маленький и горький, луку - брат.

Чеснок

Он кусает - но не пес.
Зубок есть. Но, где же рот?
Белый носит сюртучок.
Что это, скажи…

Чеснок

Само с кулачок, красный бочок,
Потрогаешь - гладко, откусишь - сладко.

Яблоко

Я румяную Матрешку
От подруг не оторву,
Подожду, когда Матрешка
Упадет сама в траву.

Яблоко

Сочные, душистые, румяные, волшебные. На деревьях мы растем.

Яблоки

Круглое, румяное,
Я расту на ветке.
Любят меня взрослые,
И маленькие детки.

Яблоко

Круглое, румяное с дерева достану я,
На тарелку положу, «Кушай, мамочка»,- скажу.

Яблоко

Загадки про ягоды

Ягодку сорвать легко —
Ведь растет невысоко.
Под листочки загляни-ка —
Там созрела...

Земляника

На припеке у пеньков много тонких стебельков,
Каждый тонкий стебелек держит алый огонек,
Разгребаем стебельки-собираем огоньки.

Земляника

Эту ягодку найдете
Не в саду, а на болоте.

Круглая, как пуговка,
Красненькая...

Клюковка

Не на шутку, а всерьез
Куст колючками оброс.
Темных ягодок сорви-ка.
Что за кустик?

Ежевика

Листики - с глянцем,
Ягодки - с румянцем,
А сами кусточки -
Не выше кочки.

Брусника

Эти ягоды, все знают,
Нам лекарство заменяют.
Если вы больны ангиной,
Пейте на ночь чай с...

Малиной

Бусы красные висят
Из кустов на нас глядят,
Очень любят бусы эти
Дети, птицы и медведи.

Малина

Красненькая Матрешка
Беленькое сердечко.

Малина

Где-то в чаще дремучей,
За оградой колючей,
У заветного местечка
Есть волшебная аптечка.
Там красные таблетки
Развешаны на ветке.

Шиповник

Много темно-синих бус
Кто-то уронил на куст.
Их в лукошко собери-ка.
Эти бусины — ...

Черника

На болоте уродилась,
В мягкой травке притаилась.
Желтенькая брошка —
Ягодка...

Морошка

Ярко-красных, черных, белых
Ягодок попробуй спелых.
Сельский сад — их родина.
Что это?

Смородина

В красных платьицах сестрички
Прицепились за косички.
Летом в сад зайдите здешний —
Созревают там...

Черешни

Что за гроздья налитые
В листья спрятались резные?
Сок их пьют и так едят.
Эти гроздья — ...

Виноград

Ягоды на тонкой ветке —
Все лозы родные детки.
Съешь всю гроздь и будешь рад.
Это — сладкий...

Виноград

Он тяжелый и пузатый,
Толстокожий, полосатый,
Сладкий, словно мед, на вкус.
Как зовут его?

Арбуз

Этот плод едва обнимешь, если слаб, то не поднимешь,
На куски его порежь, мякоть красную поешь.

Арбуз

Сам алый, сахарный,
Кафтан зеленый, бархатный.

Арбуз

Зеленый полосатый шар,
С начинкой алой словно жар,
Лежит на грядке, зреет…Ну,
Скажите, что это…

Арбуз

К нам приехали с бахчи
Полосатые мячи.

Арбузы

Повернулась к грядке боком,
Налилась вся красным соком.
Ей сестрица земляника.
Что за ягодка?

Клубника

На колючем кустике
Желтенькие бусики.
Наступила осень тихо,
И созрела…

Облепиха

Синий мундир, белая подкладка,
В середине - сладко.

Слива

Было зеленое платье-атласное,
Нет, не понравилось, выбрала красное,
Но надоело также и это
Платье надела синего цвета.

Слива

В сенокос - горька,
А в мороз - сладка,
Что за ягодка?

                        Калина

Низок, да колюч, сладок, не пахуч.
Ягоды сорвешь - всю руку обдерешь.
                        Крыжовник

На колючей тонкой ветке
В полосатых майках детки.
Куст с шипами — не шиповник,
Как зовется он?

                        Крыжовник

На ветке-конфетки с начинкой медовой,
А кожа на ветке породы ежовой.
                        Крыжовник

Я капелька лета на тоненькой ножке,
Плетут для меня кузовки и лукошки.
Кто любит меня, тот и рад поклониться.
А имя дала мне родная землица.

                        Земляника

Расту в лесу под кустиком
На длинном стебельке.
Кругом четыре листика,
А в самой глубине
Чернее ночи — ягода
Да сильный яд во мне.

                        Вороний глаз

Из травы под тенью кроны
Смотрит чёрный глаз вороны.

                        Вороний глаз

Это что за чёрный глаз
Смотрит из травы на нас?
Удивительное дело -

Вот он, глаз, а где же тело?

                                Вороний глаз

Сидит рядом с нами,
Смотрит черными глазами.
Черна, сладка, мала
И ребятам мила.

                                Черника

На зеленом шнурочке
Желтые звоночки.

                                Ягоды ландыша

Даже ночью муравьишка
Не пропустит свой домишко:
Путь-дорожку до зари
Освещают фонари.

                                Ягоды ландыша

Цветок — как бубенчик,
Беленький венчик.
Цветёт он не пышно,
Звенит ли — не слышно.

                                Ягоды ландыша

Загадки для детей

Два конца, два кольца,
Посредине гвоздик.

                                Ножницы

Не огонь,
А жжется.

                                Крапива

Утром мы во двор идём -
Листья сыплются дождём,

Под ногами шелестят
И летят, летят, летят...

       Осень

Растет она вниз головою,
Не летом растет, а зимою.
Но солнце ее припечет -
Заплачет она и умрет.

       Сосулька

Хожу в пушистой шубе,
Живу в густом лесу.
В дупле на старом дубе
Орешки я грызу.

       Белка

Течет-течет —
Не вытечет,
Бежит-бежит —
Не выбежит

       Река

Лежала между ёлками
Подушечка с иголками.
Тихонечко лежала,
Потом вдруг убежала.

       Ёж

Гребешок аленький,
Кафтанчик рябенький,
Двойная бородка, важная походка.
Раньше всех встаёт, голосисто поёт.

       Петух

У него большой живот,
А совсем не бегемот.
Хобот-нос приподнял он,
Но, однако же, не слон.
И пыхтит он через нос
На плите как паровоз.

       Чайни

Красна девица
Сидит в темнице,
А коса на улице.

Морковь

Над бабушкиной избушкой
Висит хлеба краюшка.
Собаки на нее воют, -
А достать не могут.

Луна

Многолюден, шумен, молод,
Под землей грохочет город.
А дома с народом тут
Вдоль по улице бегут.

Метро

Круглое, румяное, я расту на ветке;
Любят меня взрослые и маленькие детки.

Яблоко

Раскололся тесный домик
На две половинки.
И посыпались оттуда
Бусинки-дробинки.

Горох

Жидкое, а не вода,
Белое, а не снег.

Молоко

К нам приехали с бахчи полосатые мячи.

Арбуз

Без рук, без топоренка, построена избенка.

Гнездо

Кто по елкам ловко скачет
И взлетает на дубы?
Кто в дупле орешки прячет,

82

Сушит на зиму грибы?

                          Белка

Кто ни в жару, ни в стужу
Не снимает шубу?

                          Баран

Конь бежит, Земля дрожит.

                          Гром

Работящие зверьки
Строят дом среди реки.
Если в гости кто придет,
Знайте, что из речки вход!

                          Бобры

На одной ноге стоит,
В воду пристально глядит.
Тычет клювом наугад —
Ищет в речке лягушат.

                          Цапля

Ах, не трогайте меня.
Обожгу и без огня!

                          Крапива

Хожу-брожу не по лесам,
А по усам и волосам,
И зубы у меня длинней,
Чем у волков и медведей.

                          Расческа

Раскаленная стрела дуб свалила у села.

                          Молния

Над рекой, поперек,
Великан врастяжку лег.
Через реку по спине
Он ходить позволил мне.

                          Мост

Два братца в воду глядятся,
Век не сойдутся.

Берега

Стои Аленка — платок зеленый,
Тонкий стан, белый сарафан.

Березка

Летит, а не птица,
Воет, а не зверь.

Ветер

Ускользает, как живое,
Но не выпущу его я,
Белой пеной пенится,
Руки мыть не ленится.

Мыло

Красный нос в землю врос,
А зеленый хвост снаружи.
Нам зеленый хвост не нужен,
Нужен только красный нос.

Морковь

Кругла, а не месяц,
Желта, а не масло,
Сладка, а не сахар,
С хвостом, а не мышь.

Репка

Разноцветное коромысло
Над рекой повисло.

Радуга

Одеяло белое,
Не руками сделано,
Не ткалось и не кроилось,
С неба на землю свалилось.

Снег

Маленький рост, длинный хвост,
Серая шубка, острые зубки.

Мышка

Он — пушистый, серебристый,
Но рукой его не тронь:
Станет капелькою чистой,
Как поймаешь на ладонь.

Снег

Без окон без дверей
Полна горница людей.

Огурец

Рогатый, а не бодается.

Месяц

Великан стоит в порту,
Освещая темноту,
И сигналит кораблям:
«Заходите в гости к нам!»

Маяк

Кудри в речку опустила
И о чем-то загрустила,
А о чем она грустит
Никому не говорит.

Ива

Без рук, без ног,
Под окном стучится,
В дом просится.

Ветер

В лесу у пня беготня, суетня.
Народ рабочий весь день хлопочет,
Себе дом строит.

Муравьи

Сам худ, а голова с пуд.

                    Молоток

Хозяин лесной просыпается весной,
А зимой под вьюжный вой
Спит в избушке снеговой.

                    Медведь

В полотняной стране
По реке простыне
Плывет пароход,
То назад, то вперед,
А за ним такая гладь,
Ни морщинки не видать.

                    Утюг

Белый камушек растаял,
на доске следы оставил.

                    Мел

Маленький, удаленький,
Сквозь землю прошёл,
Красну шапочку нашёл.

                    Гриб

Мы ходим ночью,
Ходим днем,
Но никуда
Мы не уйдем.
Мы бьем исправно
Каждый час.
А вы, друзья,
Не бейте нас!

                    Часы

Без рук, а рисует,
Без зубов, а кусает.

                    Мороз

Старик у ворот
Тепло уволок,
Сам не бежит -
И нам стоять не велит.

Мороз

Льется речка — мы лежим.
Лед на речке — мы бежим.

Коньки

На сучках висят шары,
Посинели от жары.

Сливы

Сам алый, сахарный,
Кафтан зеленый, бархатный

Арбуз

Хвост пушистый, мех золотистый,
В лесу живёт, кур в деревне крадёт.

Лиса

Тридцать три сестрички
Ростом невелички.
Если знаешь их секрет,
То на всё найдёшь ответ.

Буквы

Он стоит среди травы
В шляпе, но без головы.
У него одна нога,
Но и та без сапога.

Гриб

Красные лапки,
Длинная шея,
Щиплет за пятки,
Беги без оглядки.

Гусь

Семьдесят одежек
И все без застежек.

Капуста

Зимой - звезда,
Весной - вода.

Снежинка

Кто поляны белит белым
И на стенах пишет мелом,
Шьёт пуховые перины,
Разукрасил все витрины?

Зима

Шар воздушный золотой
Над рекой остановился,
Покачался над водой,
А потом за лесом скрылся.

Солнце

Вырос в поле дом -
Полон дом зерном.
Стены позолочены,
Ставни заколочены.
И стоит новый дом
На столбе золотом.

Колосок

Красна — девица сидит в темнице,
А коса на улице.

Морковь

Стоял на крепкой ножке,
Теперь лежит в лукошке.

Гриб

Поднимает великан
Груды груза к облакам.
Там, где встанет он, потом
Вырастает новый дом.

Подъемный кран

Едет конь стальной, рычит,
Сзади плуги волочит.

Трактор

Я пыхчу, пыхчу, пыхчу,
Больше греться не хочу.
Крышка громко зазвенела:
«Пейте чай, вода вскипела!»

Чайник

Целый день летает, всем надоедает,
Ночь настанет, тогда перестанет.

Муха

Через поле и лесок подается голосок.
Он бежит по проводам -
Скажешь здесь, а слышно там.

Телефон

Длинноножка хвалится —
Я ли не красавица,
А сама-то — косточка
Да красненькая кофточка.

Вишня

Сидит дед, в шубу одет,
Кто его раздевает, тот слёзы проливает.

Лук

Выбегал конь — огонь,
А за ним — Сто погонь.

Солнце

Возле леса на опушке,
Украшая тёмный бор,
Вырос пёстрый, как Петрушка,
Ядовитый …

Мухомор

Бусы красные висят
Из кустов на нас глядят,

Очень любят бусы эти
Дети, птицы и медведи.

Малина

Ку-ка-ре-ку кричит он звонко,
Хлопает крыльями громко-громко,
Курочек верный пастух,
Как зовут его?

Петух

Он сидит послушный очень,
Лаять он совсем не хочет,
Шерстью он большой оброс,
Ну конечно это - ...

Пёс

Под дождём она гуляет,
Щипать травку обожает,
Кря кричит, Всё это шутка,
Ну конечно это - ...

Утка

У меня есть к вам вопрос -
Кто испачкал рот и нос?
Кто в луже целый день сидит?
Хрюкая и жиром заплывая,
Подскажите мне друзья -
Как зовут её - ...

Свинья

Каждый вечер, так легко,
Она даёт нам молоко.
Говорит она два слова,
Как зовут её - ...

Корова

Он кудрявый очень, очень,
Стать шашлыком совсем не хочет,
Среди ярок - великан,
Как зовут его - ...

Баран

Ночью он совсем не спит,
Дом от мышек сторожит,
Молоко из миски пьёт,
Ну конечно это - ...

Кот

Он твердит одно - га-га,
Кто обидел? Где? Когда?
Никого я не боюсь,
Ну конечно это - ...

Гусь

Распускает хвост павлином,
Ходит важным господином,
По земле ногами - стук,
Как зовут его - ...

Индюк

В клетке целый день сидит,
И под нос себе твердит,
Но услышав двери скрип,
Он кричит "Филипп-Филипп",
Кеше пить быстрее дай,
Кто же это - ...

Попугай

Он зимой в берлоге спит,
Потихонечку храпит,
А проснётся, ну реветь,
Как зовут его - ...

Медведь

На Дюймовочке решил жениться,
Девочку спасла лишь птица,
Зерном он набивает рот,
Ну конечно это - ...

Крот

Над цветком она жужжит,
К улью быстро так летит,

Мёд свой в соты отдала,
Как зовут её - ...

Пчела

Верёвка по земле ползёт,
Вот язычок, открытый рот,
Всех укусить, готова Я,
Потому что Я - ...

Змея

Всё время по лесу он рыщет,
Он в кустах кого-то ищет.
Он из кустов зубами щёлк,
Кто скажите это - ...

Волк

Любит красную морковку,
Грызёт капусту очень ловко,
Скачет он то тут, то там,
По лесам и по полям,
Серый, белый и косой,
Кто скажите он такой - ...

Заяц

Как по морю-океану,
Рыба-рыбища плывёт,
И к огромному фонтану
Подплывать нам не даёт!
От него волна бежит,
Ну конечно это - ...

Кит

Он серый, большой,
На четырёх столбах,
Посмотришь на него,
И скажешь только, ах!
Хобот кверху поднимает,
Всех из фонтана поливает,
Мне скажите, кто же он?
Ну конечно это - ...

Слон

Серая шубка, мех серебристый,
Очень красивая, хвостик пушистый,
Если вам немного повезёт,
Орешек из руки у вас возьмёт.
А от вас летит как стрелка,
Ну конечно это - ...

Белка

По тропинке в лесу,
Я большое яблоко несу,
На иголки я похож,
Звать меня конечно - ёж.
Огромная кошка по лесу скачет,
В ушках серёжки она не прячет,
Ей не скажешь слова - брысь,
Потому, что это - ...

Рысь

Царь зверей раскатисто рычит,
Всех зверей собрать спешит,
На камень грациозно сев,
Скажите, кто же это - ...

Лев

В зоопарке выше клетки,
Чья-то голова торчит,
Бананы срывает с высокой ветки,
О длинной шее своей молчит.
Кличка у него "Пиф-Паф",
А зовут его - ...

Жираф

Каждый вечер спать ложусь,
В комнате один я не боюсь.
Засыпаю сладко я,
Под пенье птицы - ...

Соловья

В лесу на ветке она сидит,
Одно "ку-ку" она твердит,

Года она нам всем считает,
Птенцов своих она теряет.
"Ку-ку" то там то тут,
Как птицу эту зовут? - ...

                    Кукушка

С неба падают зимою
И кружатся над землёю
Лёгкие пушинки
Белые ...

                    Снежинки

Стукнешь о стенку -
А я отскачу.
Бросишь на землю -
А я поскачу.
Я из ладоней в ладони лечу -
Смирно лежать не хочу.

                    Мяч

Хвост с узорами,
Сапоги со шпорами,
Песни распевает,
Время считает.

                    Петух

На спине иголки,
Длинные и колкие.
А свернётся он в клубок -
Нет ни головы, ни ног.

                    Ёж

Рядом разные подружки,
Но похожи друг на дружку.
Все они сидят друг в дружке,
А всего одна игрушка.

                    Матрёшка

Не летает, не жужжит,
Жук по улице бежит.

И горят в глазах жука
Два блестящих огонька.

Машина

Круглый бок, жёлтый бок,
Сидит на грядке колобок.
Врос он в землю крепко.
Что же это?

Репка

Тучек нет на горизонте,
Но раскрылся в небе зонтик.
Через несколько минут
Опустился…

Парашют

Ног нет, а хожу,
Рта нет, а скажу,
Когда спать, когда вставать,
Когда работу начинать.

Часы

Всегда он в работе,
Когда говорим,
А отдыхает,
Когда мы молчим.

Язык

Вдоль по речке, по водице
Плывет лодок вереница,
Впереди корабль идет,
За собою их ведет,
Весел нет у малых лодок,
А кораблик больно ходок.
Вправо, влево, взад, вперед
Всю ватагу повернет.

Утка с утятами

По лужку он важно бродит,
Из воды сухим выходит,

Носит красные ботинки,
Дарит мягкие перинки.

Гусь

Стучат, стучат — не велят скучать.
Идут, идут, а все тут как тут.

Часы

В Москве говорят, а у нас слышно.

Радио

Плотник острым долотом
Строит дом с одним окном.

Дятел

Я подмышкой посижу и что делать укажу:
Или уложу в кровать, или разрешу гулять.

Градусник

Сердитый недотрога
Живет в глуши лесной.
Иголок очень много,
А нитки не одной.

Еж

Все меня топчут, а я все лучше.

Тропинка

Языка не имеет,
А у кого побывает,
Тот много знает.

Газета

Я и дом украшаю,
Я и пыль собираю.
А меня люди топчут ногами,
Да потом ещё бьют батогами.

Ковер

Без ног и без крыльев оно,

Быстро летит, не догонишь его.

Время

Через поле и лесок подается голосок.
Он бежит по проводам —
 Скажешь здесь, а слышно там.

Телефон

Он в мундире ярком, шпоры для красы
Днем он — забияка, поутру — часы.

Петух

У тридцати двух воинов один командир.

Зубы и язык

Двенадцать братьев
Друг за другом бродят,
Друг друга не обходят.

Месяцы

Не море, не земля,
Корабли не плавают,
А ходить нельзя.

Болото

Это тесный-тесный дом:
Сто сестричек жмутся в нем.
И любая из сестер
Может вспыхнуть, как костер!
Не шути с сестричками,
Тоненькими…

Спичками

У нее вся душа нараспашку,
И хоть пуговки есть — не рубашка,
Не индюшка, а надувается,
И не птица, а заливается.

Гармошка

Если б не было его,

Не сказал бы ничего.

Язык

Стоит толстуха — Деревянное брюхо,
Железный поясок.

Бочка

Зубов много, а ничего не ест.

Расческа

Что это у Галочки?
Ниточка на палочке,
Палочка в руке,
А ниточка в реке.

Удочка

Стоит на крыше верхолаз
И ловит новости для нас.

Антенна

Я молча смотрю на всех,
И смотрят все на меня.
Веселые видят смех,
С печальными плачу я.
Глубокое, как река,
Я дома, на вашей стене.
Увидит старик — старика,
Ребенок — ребенка во мне.

Зеркало

Под крышей — четыре ножки,
Под крышей — суп да ложки.

Стол

Бьют его рукой и палкой — Никому его не жалко.
А за что беднягу бьют?
А за то, что он надут.

Мяч

Ежедневно в шесть утра,

Я трещу: вставать пора!

Будильник

Мойдодыру я родня,
Отверни-ка ты меня,
И холодною водою
Живо я тебя умою.

Кран

Тебе дано,
А люди им пользуются.

Имя

Одной ручкой всех встречает,
Другой ручкой провожает.

Дверь

Полюбуйся, посмотри — Полюс северный внутри!
Там сверкает снег и лед,
Там сама зима живет.

Холодильник

На шесте — дворец, во дворце — певец.

Скворец

Всех перелетных птиц черней,
чистит пашню от червей.

Грач

Он с хоботом резиновым,
С желудком парусиновым.
Как загудит его мотор,
Глотает он и пыль и сор.

Пылесос

В огне не горит,
В воде не тонет,
В земле не гниет.

Правда

В полотняной стране

По реке простыне
Плывет пароход,
То назад, то вперед,
А за ним такая гладь,
Ни морщинки не видать.

Утюг

Дом — стеклянный пузырек,
А живет в нем огонек.
Днем он спит, а как проснется,
Ярким пламенем зажжется.

Фонарь

Если б встала, до неба достала б.

Дорога

Маленький, кругленький,
А за хвост не поймаешь.

Клубок

На стене, на видном месте,
Собирает вести вместе,
А потом его жильцы
Полетят во все концы.

Почтовый ящик

Лист бумаги по утрам
На квартиру носят к нам,
На одном таком листе
много разных новостей.

Газета

Себя он раскрывает, тебя он закрывает,
Только дождичек пройдет — сделает наоборот.

Зонт

Запылал у чудища изумрудный глаз.
Значит, можно улицу перейти сейчас.

Светофор

Есть у меня в квартире робот.

100

У него огромный хобот.
Любит робот чистоту
И гудит, как лайнер «ТУ»
Он охотно пыль глотает,
Не болеет, не чихает.

Пылесос

Плещет теплая волна,
Под волною белизна.
Отгадайте, вспомните,
Что за море в комнате?

Ванна

Два братца
В воду глядятся,
В век не сойдутся.

Берега

Внутри — пустой,
А голос — густой.
Сам молчит,
А бьют — ворчит.

Барабан

В нашем доме под окошком
Есть горячая гармошка:
Не поет и не играет — она дом обогревает.

Батарея отопления

Пять братьев — Годами равные, ростом разные.

Пальцы

Детские загадки о еде

Белый снег
В чести у всех.

В рот попадает –
В миг пропадает.

Сахар

В воде родится, воды боится.

Соль

Ножка деревянная,
Одежка шоколадная.
На солнышке я таю,
Во рту я исчезаю.

Мороженое

Можно сварить,
а можно разбить,
Если не прикасаться
цыпленком может оказаться.

Яйцо

Не снег,
А белое всегда.
Хоть и течет,
А не вода.

Молоко

Жидко, а не вода,
Бело, а не снег.
Начинается на К
Наш продукт из молока.

Кефир

Догадайтесь, кто такая?
Белоснежная, густая.
Сливки взбили утром рано,
Чтоб была у нас ...

Сметана

Что за белые крупинки?
Не зерно и не снежинки.
Скисло молоко — и в срок

Получили мы ...

Творог

Сделан он из молока,
Но тверды его бока.
В нем так много разных дыр.
Догадались? Это ...

Сыр

Мы на хлеб его намажем
И добавим к разным кашам.
Кашу не испортят точно
Бело-желтые кусочки.

Масло

Прозрачный дом,
Много братишек в нем –
Не лягушки, а зеленые,
Не в морской воде, а соленые?

Соленые огурчики

В кусочке сдобного теста
Нашлось для начинки место,
Внутри него не бывает пусто –
Там часто мясо или капуста.

Пирожок

Отгадать легко и быстро:
Мягкий, пышный и душистый.
Он и черный, он и белый,
Вкусный даже подгорелый.

Хлеб

Сладок, нежен и воздушен.
Иногда он всем нам нужен.
Ни одно ведь торжество
Не проходит без него.

Торт

В день веселых именин
Выпекают хлеб один,
И поют все: «..., ...
Кого любишь, выбирай!»

               Каравай

Хлеба свежего полоса,
Сверху сыр и колбаса.
Сам он просится к нам в рот,
Аппетитный...

               Бутерброд

Пчелки летом потрудились,
Чтоб зимой мы угостились.
Открывай пошире рот,
Ешь душистый, сладкий...

               Мёд

Мама из крупы сварила,
Посолила, подсластила.
Эй, ну где же ложка наша?!
Так нужна на завтрак...

               Каша

Все мы - сыновья картошки,
Но для нас не надо ложки.
Мы хрустим, хрустим, хрустим,
Угостить ребят хотим.

               Чипсы

И уха он, и бульон,
Щи, рассольник - тоже он.
Он гороховый, капустный
И, конечно, очень вкусный.

               Суп

Ароматную пластинку
Разломлю на половинки
И еще на долечки -
Вот будет сколечко!
И вкусна, и сладка,
Что же это?

               Шоколадка

Я готовлюсь на кострах,
Иногда в глуши лесной.
Жарюсь там на шампурах,
Вкусный, сочный и мясной.

Шашлык

Спрыгнул он со сковородки,
Подрумяненный в середке.
Знать, готов еще один
С пылу с жару тонкий...

Блин

Сварит бабушка из ягод
Что-то вкусненькое на год.
Ах, какое объеденье —
Ароматное...

Варенье

Сахаристая рубашка,
Сверху — яркая бумажка.
Сладкоежки любят это.
Что за лакомство?

Конфета

Сидят на ложке,
Свесив ножки.

Макароны

Маленькое, сдобное,
Круглое, съедобное.
Я один тебя не съем,
Разделю ребятам всем.

Бублик

Загадки про транспорт

Этот конь не ест овса,

Вместо ног — два колеса.
Сядь верхом и мчись на нём,
Только лучше правь рулём.

Велосипед

Несется и стреляет,
Ворчит скороговоркой.
Трамваю не угнаться
За этой тараторкой.

Мотоцикл

Чудесный длинный дом,
Пассажиров много в нем.
Носит обувь из резины
И питается бензином...

Автобус

Бежит, иногда гудит.
В два глаза зорко глядит.
Только красный свет настанет —
Он в момент на месте встанет.

Автомобиль

Не летает, но жужжит,
Жук по улице бежит.
И горят в глазах жука,
Два блестящих огонька.

Машина

Я в любое время года
И в любую непогоду
Очень быстро в час любой
Провезу вас под землей.

Метро

Спозаранку за окошком
Стук, и звон, и кутерьма.
По прямым стальным дорожкам
Ходят разноцветные дома.

Трамвай

Удивительный вагон!
Посудите сами:
Рельсы в воздухе, а он
Держит их руками.

Троллейбус

Мимо рощи, мимо яра
Мчит без дыма,
Мчит без пара
Паровозова сестричка.
Кто такая?

Электричка

Что ж, дружочек, отгадай,
Только это не трамвай.
Вдаль по рельсам быстро мчится
Из избушек вереница.

Поезд

Там, где строят новый дом,
Ходит воин со щитом.
Где пройдёт он, станет гладко,
Будет ровная площадка.

Бульдозер

С края на край
Режет черный каравай,
Бездорожье не преграда,
Нет дороги – и не надо:
Сам себе кладет под ноги
Две широкие дороги.

Трактор

Поднимает великан
Много груза к облакам.
Там, где встанет он, потом
Вырастает новый дом.

Подъемный кран

Бывают ли у дождика
Четыре колеса?

Скажи, как называются
Такие чудеса?

                    Поливальная машина

Рукастая, зубастая,
Идет-бредет по улице,
Идет и снег грабастает,
А дворник только щурится,
А дворник улыбается:
Снег без него сгребается.

                    Снегоуборочная машина

Кто на бегу, пары клубя,
Пускает дым трубой,
Несет вперед и сам себя,
Да и меня с тобой?

                    Паровоз

Без разгона ввысь взлетает,
Стрекозу напоминает,
Отправляется в полет быстроходный...

                    Вертолет

Тучек нет на горизонте,
Но раскрылся в небе зонтик.
Через несколько минут
Опустился...

                    Парашют

Ни пера, ни крыла, а быстрее орла,
Только выпустит хвост -
Понесется до звезд.

                    Ракета

Вот стальная птица,
В небеса стремится,
А ведёт её пилот.
Что за птица?

                    Самолёт

Сначала дерево свалили,
Потом нутро ему долбили,
Потом лопатками снабдили
И по реке гулять пустили.

Лодка

Под водою дом плывет,
Смелый в нем народ живет.
Даже под полярным льдом
Может плавать этот дом.

Подводная лодка

На море, в реках и озерах
Я плаваю, проворный, скорый.
Среди военный кораблей
Известен легкостью своей.

Катер

Это что там в дымке тает,
Птицей по волнам летает?
Паруса меняет вахта,
Держит нос по ветру...

Яхта

По волнам дворец плывет,
На себе людей везет.

Корабль

Загадки про предметы

Я очень люблю побродить по коврам,
По мягким диванам, по темным углам.
Там вкусную пыль я всегда нахожу
И от наслаждения громко жужжу.

Пылесос

По материи сную,
Всюду острый нос сую.
Ох и злюсь я, и шиплю.
Мятых о-очень не люблю.

Утюг

Я косить траву могу,
Но совсем не на лугу.
По щекам хочу пройтись.
Эй, щетина, берегись!

Бритва

В комнате ванной коробка стоит,
Глазом прозрачным и круглым глядит.
В глаз заглянуть интересно, когда
В этой коробке клокочет вода.

Стиральная машина

Что за чудо, что за ящик?
Сам – певец и сам – рассказчик,
И к тому же заодно
Демонстрирует кино.

Телевизор

Он охотно пыль вдыхал,
Не болел и не чихал.

Пылесос

Гладит все, чего касается,
А дотронешься — кусается.

Утюг

В этом маленьком предмете
Поселился теплый ветер.

Фен

Дом — стеклянный пузырек,
А живет в нем огонек.
Днем он спит, а как проснется,
Ярким пламенем зажжется.

Фонарь

Этот глаз — особый глаз.
Быстро взглянет он на вас,
И появится на свет
Самый точный ваш портрет.

Фотоаппарат

Застрочит, как пулемёт,
Платье новое сошьёт.

Швейная машина

На стене висит тарелка,
По тарелке ходит стрелка.
Эта стрелка наперед
Нам погоду узнает.

Барометр

Загляните под окошко -
Там растянута гармошка,
Но гармошка не играет -
Нам квартиру согревает.

Батарея

Привела я солнце
За свое оконце.
К потолку подвесила -
Стало дома весело.

Лампочка

Пройдусь слегка горячим я,
И гладкой станет простыня.
Могу поправить недоделки
И навести на брюках стрелки.

Утюг

Много дружных ребят
На одном столбе сидят.
Как начнут они резвиться -
Только пыль вокруг клубится.

Метёлка

Я под мышкой посижу
И что делать укажу:
Или разрешу гулять,
Или уложу в кровать.

Градусник

На моем, друзья, экране
То моря шумят в тумане,
То плоды качает сад.
Есть мультфильмы для ребят.

Телевизор

Глядя на экран в квартире,
Видим, что творится в мире.

Телевизор

Сушит ветер-суховей
Кудри мамочки моей.

Фен

У него большой живот,
А совсем не бегемот.
Хобот—нос приподнял он,
Но, однако же, не слон.
И пыхтит он через нос
На плите как паровоз.

Чайник

Даже и в июльский зной
В нём морозно, как зимой.

Холодильник

Мойдодыру я родня,
Отверни скорей меня:
И холодною водою
Живо я тебя умою.

Кран

Живу на кухне я всегда,
На мне стоит сковорода,
Кастрюля, ковшик, чайник -

Над ними я начальник!
Со мною вся семья сыта,
Ну, догадались? Я ...

Плита

Жарит мясо, варит суп,
Пироги печет.
У нее и там и тут
Очень горячо.

Плита

У меня большой живот.
В нем сосиски, сыр, компот.
Есть захочешь – не робей,
Открывай живот скорей!

Холодильник

Фрукты-овощи жуёт.
Их бросай в раскрытый рот.
Как слюна её вкусна!
Догадались, кто она?

Соковыжималка

Без меня вы никуда,
Из меня течет вода.
Думаете, главный чайник?
Нет, на кухне я начальник!
Если воду не нальете,
То и чаю не попьете.

Кран

Мою грязную посуду,
Чтобы блюдца пели,
Мискам тру бока повсюду,
Чтоб они скрипели.
Протираю все стаканы,
Ложки, вилки, чашки, краны,
Даже чищу я плафоны,
А сама из поролона.

Губка

С солью бочонок
Приучен с пеленок
Всегда и везде
Кланяться еде.

Солонка

Хлеб бережет,
Черстветь не дает.
Для хлеба - дом,
Хорошо ему в нем.

Хлебница

Огненные гномики живут в картонном домике.

Спички

Ей набили мясом рот,
И она его жует,
Жует, жует и не глотает –
Скорей в тарелку отправляет.

Мясорубка

Жесткая, дырявая,
Колючая, корявая.
Что ей на спину положат,
Все она тотчас изгложет.

Тёрка

Скажите, как назвать ее:
Все в дырках зубы у нее,
Но свеклу, редьку, хрен, морковку
Она перетирает ловко.

Тёрка

Из меня посуду тонкую,
Нежно-белую и звонкую
Обжигают с древних пор.
Называюсь я ...

Фарфор

Если я пуста бываю,
Про себя не забываю,
Но когда несу еду,

Мимо рта я не пройду.

Ложка

В земле я родился,
В огне закалился.

Горшок

Всех кормлю с охотой я,
А сама безротая.

Ложка

Ем столовой суп в обед,
Чайной пробую десерт,
Дайте мне ещё немножко,
Где моя большая ...

Ложка

На одной широкой ножке
У неё 4 рожка,
Но она совсем не пилка,
Для котлет и мяса ...

Вилка

Она всем очень нравится,
На блюдечке красавица,
С одной рукой милашка,
Голубенькая ...

Чашка

И оладьи, и омлет,
И картошку на обед,
А блины – вот это да!
Жарит всё ...

Сковорода

Если хорошо заточен,
Все легко он режет очень –
Хлеб, картошку, свеклу, мясо,
Рыбу, яблоки и масло.

Нож

У кого ответа нет -
В чем сварить себе обед?
На плите стоит чистюля.
Суп сварить - нужна ...

Кастрюля

Под Новый год их достают,
Гостям напитки в них нальют,
И, славные своим вокалом,
Под бой часов звенят ...

Бокалы

Для питья он предназначен,
Хрупок, из стекла, прозрачен,
Можно сок в него налить,
С удовольствием попить,
Воду можно из-под крана.
Нет нужней чего?

Стакана

Без чего за стол не сесть,
Без чего салат не съесть?
Как киношная страшилка,
В салат топырит пальцы ...

Вилка

Возраст наш не очень юный,
Были бабушки чугунны,
А теперь мы из тефлона,
Ручки - из пластмассы.
Подогреем макароны
И поджарим мясо.

Сковородки

Для хозяек с давних пор
Он - особенный прибор.
Почему на кухне скрежет?
Это он морковку режет.

Нож

На полке в комнате моей

Всегда полным-полно друзей.
Они утешат, развлекут,
А надо – и совет дадут.

Книги

Она всё знает - просто шок!
А сама всегда - молчок!
Чтобы с нею подружиться,
Нужно чтению учиться.

Книга

У бумажных умных птичек
Много крылышек - страничек.

Книги

Есть листок, есть корешок.
А не куст и не цветок.
На колени к маме ляжет,
Обо всём тебе расскажет.

Книга

Открыть свои тайны
Любому готова.
Но ты от неё
Не услышишь и слова.

Книга

Легко читать такой рассказ –
Картинок много, мало фраз.
Он – будто кадры из мультфильма.
Я озадачил вас не сильно?

Комикс

Легенда, преданье народное,
Ребята ее обожают.
Родители, если свободные,
Ее тебе на ночь читают.

Сказка

У стены большой и важный
Дом стоит многоэтажный.

Мы на нижнем этаже
Всех жильцов прочли уже.

Книжный шкаф

Вам выражения знакомы:
Про первый блин, что вечно комом,
Про сор, что из избы несут...
Как их в народе все зовут?

Пословицы

Пером сеют, глазами жнут,
Головой едят, памятью переваривают.

Грамота

Я — услужливый пузан.
Всех охотно угощаю.
То молчу, как истукан.
А то песни распеваю.

Самовар

Бежит свинка,
Истыкана спинка.

Наперсток

Сам пустой, голос густой,
Дробь отбивает,
Шагать помогает.

Барабан

Сказать волшебные слова,
Взмахнуть предметом тем едва:
Цветочки мигом расцветут
Между сугробов там и тут.
А можно дождь наколдовать,
Пирожных сразу штучек пять.
И лимонада, и конфет...
Вы назовите тот предмет!

Волшебная палочка

Рядом разные подружки,
Но похожи друг на дружку.

Все они сидят друг в дружке,
А всего одна игрушка.

                                        Матрешка

Это что за простачок
Лег у двери на бочок,
На дороге, на пороге
Останавливает ноги?

                              Половик, коврик

Два близнеца, два братца,
На нос верхом садятся.

                                           Очки

Будет вкусная еда
С золотою коркою,
Если пользуешься ты…
Верно,

                            сковородкою!

Не смотрел в окошко -
Был один Антошка,
Посмотрел в окошко -
Там второй Антошка!
Что это за окошко,
Куда смотрел Антошка?

                                      Зеркало

Эта вещь функциональна:
Ею можно подметать.
Ну а можно ведь не тайна!
На ней под облака летать.
Марки «Нимбус» вещь бывает,
В квиддич все на ней играют.

                                       Метла

Из-под крыши крыша
Под дождик вышла.

                                        Зонт

Я с ножками, но не хожу,
Со спинкой, но не лежу,
Садитесь вы - я не сижу.

Стул

Хоть на вид она не очень хороша
И немножечко похожа на ежа,
Очень любит перед тем, как лягу спать,
На зубах моих минутку поплясать.

Зубная щетка

Стукнешь о стенку -
А я отскочу.
Бросишь на землю -
А я подскочу.
Я из ладоней в ладони лечу
Смирно лежать не хочу.

Мяч

На носу сидели,
На мир глядели,
За уши держались.

Очки

Среди ложек я полковник.
И зовут меня…

Половник!

Чайника подружка
Имеет два ушка,
Варит кашу, суп для Юли.
И зовут ее…

Кастрюлей

Там, где губка не осилит,
Не домоет, не домылит,
На себя я труд беру:
Пятки, локти с мылом тру,
И коленки оттираю,
Ничего не забываю.

Мочалка

Много соседей,
Все рядом живут,
А никогда не видятся.

Окна

Вспушит она свои бока,
Свои четыре уголка,
И тебя, как ночь настанет,
Все равно к себе притянет.

Подушка

Суп, салат, пюре, котлеты
Подают всегда в … Тарелке
А на чай и простоквашу
Подставляй, дружочек, …

Чашку

Для предсказаний сей предмет незаменим.
Волшебники все пользуются им.
Он круглый и прозрачный, как стекло,
Увидеть будущее в нем совсем легко.

Шар

Пять мальчиков,
Пять чуланчиков.
Разошлись мальчики
В темные чуланчики.
Каждый мальчик
В свой чуланчик.

Пальцы и перчатки

Сижу верхом,
Не ведаю на ком.

Шапка

Два коня у меня, два коня.
По воде они возят меня.
А вода тверда, словно каменная!

Коньки, лед

Я любой девчонке

121

Прикрою волосенки,
Прикрою и мальчишке
Стрижки-коротышки.
От солнца я защита -
Для того и сшита.

Панама

На плите - кастрюль начальник.
Толстый, длинноносый...

Чайник

Я катаюсь на нем
До вечерней поры.
Но ленивый мой конь
Возит только с горы.
А на горку всегда
Сам пешком я хожу
И коня своего
За веревку вожу.

Санки

Все лето стояли, зимы ожидали.
Дождались поры - помчались с горы.

Санки

Две плетенки, две сестренки,
Из овечьей пряжи тонкой,
Как гулять - так надевать,
Чтоб не мерзли пять да пять.

Варежки

Живет в нем вся Вселенная,
А вещь обыкновенная.

Телевизор

Узловат Кузьма, развязать нельзя.

Цепь

Возле тела уши, а головы нет.

Кастрюля

Гладит все, чего касается,
А дотронешься - кусается.

Утюг

Хоть у нас четыре ножки,
Мы не мышки и не кошки,
Хоть мы все имеем спинки,
Мы не овцы и не свинки,
Мы не кони, хоть на нас
Вы садитесь много раз.

Стулья

Два брюшка, четыре ушка.

Подушка

Говорит дорожка - два вышитых конца:
"Помойся хоть немножко,
Чернила смой с лица!
Иначе ты в полдня испачкаешь меня".

Полотенце

Умею прыгать и катиться,
А если бросят - полечу.
Кругом смеющиеся лица:
Все рады круглому...

Мячу

Заклеили клеем прочно
И ко мне прислали срочно.
Я его не пожалею,
Получу и вмиг расклею.

Конверт

Не человек,
А разговаривает.

Радио

Два березовых коня
По снегам несут меня.
Кони эти рыжи,

А зовут их ...

Лыжи

Чтоб не мерзнуть,
Пять ребят
В печке вязаной
Сидят.

Варежки

Полюбуйся, посмотри -
Полюс северный внутри!
Там сверкает снег и лед,
Там сама зима живет.
Навсегда нам эту зиму
Привезли из магазина.

Холодильник

Упадет - поскачет,
Ударишь - не плачет.

Мяч

Твой хвостик
Я в руке держал,
Ты полетел -
Я побежал.

Воздушный шарик

Неприступно, одиноко,
На скале крутой, высокой,
Мрачной глыбою на вид
Он у озера стоит.
Сквозь старинные бойницы
В гладь озерную глядится.

Замок

С хвостом, а за хвост не поднимешь

Клубок

Кручусь, верчусь,
И мне не лень

Вертеться даже целый день.

Юла

Не ботинки, не сапожки,
Но их тоже носят ножки.
В них мы бегаем зимой:
Утром - в школу, днем домой.

Валенки

Новая посудина, а вся в дырах.

Решето

Голубочка бела
В избу залетела,
Что на свете видела,
Про все рассказала.

Газета

За водой идут - песни звонкие поют,
А назад идут - слезы льют.

Ведра

Гуляю я и в дождь, и в зной,
Характер у меня такой.

Зонт

Четыре ноги, да не зверь.
Есть перья, да не птица.
Что это?

Кровать и подушка

На пальце одном
ведерко вверх дном.

Наперсток

Стоит столбом, горит огнем, ни жару, ни пару, ни угольев.

Свеча

Под гору —коняшка, в гору —деревяшка.

Санки

По дороге я шел,
Две дороги нашел,
По обеим пошел.

                              Брюки

У маленькой Катюши
Уселся на макушке
Не мотылек, не птичка -
Держит две косички.

                              Бантик

На ушах висят, а не сережки.

                              Наушники

Когда он нужен, его выбрасывают. Когда не нужен – поднимают.

                              Якорь

Входишь в одну дверь, а выходишь из трех,
Думашь, что вышел, а на самом деле зашел.

                              Рубашка

В раздевалке я служу,
На весу пальто держу.

                              Вешалка

Свернешь - клин,
Развернешь - блин.

                              Зонт

Что достанет зубами затылок?

                              Расческа

Смастерили из досок
И надели поясок,
И хранит посуда эта
С грядки собранное лето.

                              Бочка

У меня который год
ежик в комнате живет.
Если пол намазан воском,

Он натрет его до лоска.

Полотер

Среди ложек я полковник.
И зовут меня…

Половник!

Чайника подружка
Имеет два ушка,
Варит кашу, суп для Юли.
И зовут ее…

Кастрюлей

Там, где губка не осилит,
Не домоет, не домылит,
На себя я труд беру:
Пятки, локти с мылом тру,
И коленки оттираю,
Ничего не забываю.

Мочалка

Много соседей,
Все рядом живут,
А никогда не видятся.

Окна

Вспушит она свои бока,
Свои четыре уголка,
И тебя, как ночь настанет,
Все равно к себе притянет.

Подушка

Суп, салат, пюре, котлеты
Подают всегда в … Тарелке
А на чай и простоквашу
Подставляй, дружочек, …

Чашку

Для предсказаний сей предмет незаменим.
Волшебники все пользуются им.
Он круглый и прозрачный, как стекло,

127

Увидеть будущее в нем совсем легко.

Шар

Пять мальчиков,
Пять чуланчиков.
Разошлись мальчики
В темные чуланчики.
Каждый мальчик
В свой чуланчик.

Пальцы и перчатки

Сижу верхом,
Не ведаю на ком.

Шапка

Два коня у меня, два коня.
По воде они возят меня.
А вода тверда, словно каменная!

Коньки, лед

Я любой девчонке
Прикрою волосенки,
Прикрою и мальчишке
Стрижки-коротышки.
От солнца я защита -
Для того и сшита.

Панама

На плите - кастрюль начальник.
Толстый, длинноносый…

Чайник

Я катаюсь на нем
До вечерней поры.
Но ленивый мой конь
Возит только с горы.
А на горку всегда
Сам пешком я хожу
И коня своего
За веревку вожу.

Санки

Все лето стояли, зимы ожидали.
Дождались поры - помчались с горы.

Санки

Две плетенки, две сестренки,
Из овечьей пряжи тонкой,
Как гулять - так надевать,
Чтоб не мерзли пять да пять.

Варежки

Живет в нем вся Вселенная,
А вещь обыкновенная.

Телевизор

Узловат Кузьма, развязать нельзя.

Цепь

Возле тела уши, а головы нет.

Кастрюля

Гладит все, чего касается,
А дотронешься - кусается.

Утюг

Хоть у нас четыре ножки,
Мы не мышки и не кошки,
Хоть мы все имеем спинки,
Мы не овцы и не свинки,
Мы не кони, хоть на нас
Вы садитесь много раз.

Стулья

Два брюшка, четыре ушка.

Подушка

Он качели и кровать,
Хорошо на нем лежать,
Он в саду или в лесу
Покачает на весу.

Гамак

Утка в море, хвост на заборе.

Ковш

Кто приходит, кто уходит,
Все ее за ручку водят.

Дверь

Кто меня сделал, не сказывает.
Кто меня не знает, принимает.
А кто знает, на двор не пускает.

Фальшивая монета

Хохотун Егорка взялся за уборку,
В пляс по комнате пошел,
Оглянулся - чистый пол.

Веник

Стоит толстуха -
Деревянное брюхо,
Железный поясок.

Бочка

По краям две острых палки,
Посредине стоит то,
Что воскликнут все ребятки,
Коль услышат вдруг его.

Колокол

Зубов много, а ничего не ест.

Расческа

Что это у Галочки?
Ниточка на палочке,
Палочка в руке,
А ниточка в реке.

Удочка

Лист бумаги по утрам
На квартиру носят к нам,
На одном таком листе
много разных новостей.

Газета

Твой хвостик я в руке держал,
Ты полетел, я побежал.

Шарик воздушный

Что за судья без языка?

Весы

На чужой спине едет, а на своей груз везет.

Седло

На квадратиках доски
Короли свели полки.
Нет для боя у полков
Ни патронов, ни штыков.

Шахматы

Есть, ребята, у меня
Два серебряных коня.
Езжу сразу на обоих,
Что за кони у меня?

Коньки

Очень любят молодца, а бьют, колотят без конца.

Мяч

Маленькая головка на пальце сидит.
Сотнями глаз во все стороны глядит.

Наперсток

В брюхе – баня, в носу – решето, на голове – пуп.
Рука одна, да и та на спине.
Что это?

Чайник

Четыре синих солнца
У бабушки на кухне,
Четыре синих солнца
Горели и потухли.
Поспели щи, шипят блины.
До завтра солнца не нужны.

Газовая плита

Под крышей - четыре ножки,
Под крышей - суп да ложки.

Стол

Бьют его рукой и палкой -
Никому его не жалко.
А за что беднягу бьют?
А за то, что он надут.

Мяч

А ну-ка, ребята, кто угадает:
На десять братьев двух шуб хватает?

Варежки

Наклонилась над рекой -
Уговор у них такой:
Обменяет ей река
Окунька на червяка.

Удочка

Плещет теплая волна,
Под волною белизна.
Отгадайте, вспомните,
Что за море в комнате?

Ванна

Внутри — пустой,
А голос — густой.
Сам молчит,
А бьют — ворчит.

Барабан

Очень быстрых два коня
По снегам несут меня -
Через луг к березке,
Тянут две полоски.

Лыжи

В нашем доме под окошком
Есть горячая гармошка:
Не поет и не играет - она дом обогревает.

Батарея отопления

В Москве говорят, а у нас слышно.

Синий домик у ворот.
Угадай, кто в нем живет.

Дверца узкая под крышей -
Не для белки, не для мыши,
Не для вешнего жильца,
Говорливого скворца.

В эту дверь влетают вести,
Полчаса проводят вместе.
Вести долго не гостят -
Во все стороны летят!

Почтовый ящик

Тучек нет на горизонте,
Но раскрылся в небе зонтик.
Через несколько минут
Опустился ...

Парашют

В полотняной стране
По реке простыне
Плывет пароход,
То назад, то вперед,
А за ним такая гладь,
Ни морщинки не видать.

Утюг

Это тесный-тесный дом:
Сто сестричек жмутся в нем.
И любая из сестер
Может вспыхнуть, как костер!
Не шути с сестричками,
Тоненькими ...

Спичками

Маленький, кругленький,

А за хвост не поймаешь.

                   Клубок

На стене, на видном месте,
Собирает вести вместе,
А потом его жильцы
Полетят во все концы.

            Почтовый ящик

У нее вся душа нараспашку,
И хоть пуговки есть — не рубашка,
Не индюшка, а надувается,
И не птица, а заливается.

                Гармошка

Сегодня все ликует!
В руках у детворы
От радости танцуют
Воздушные ...

                   Шары

Пыль увижу - заворчу, заверчу и проглочу.

                  Пылесос

Я пыхчу, пыхчу, пыхчу,
Больше греться не хочу.
Крышка громко зазвенела:
"Пейте чай, вода вскипела!"

                  Чайник

Льется речка - мы лежим.
Лед на речке - мы бежим.

                   Коньки

Частый, зубастый,
Вцепился в чуб вихрастый.

                Гребешок

Всю жизнь крыльями машет,
А улететь не может.

           Ветряная мельница

В деревянном домике
Проживают гномики.
Уж такие добряки -
Раздают всем огоньки.

Спички

То толстеет, то худеет,
На весь дом голосит.

Гармонь

Маленькая собачка свернувшись лежит -
Не лает, не кусает, а в дом не пускает.

Замок

Если дождик, мы не тужим -
Бойко шалопаем по лужам,
Будет солнышко сиять -
Нам под вешалкой стоять.

Галоши, сапоги

На что взглянет этот глаз -
Все картинке передаст.

Фотоаппарат

Резинка Акулинка
Пошла гулять по спинке.
И пока она гуляла,
Спинка розовой стала.

Мочалка

Сидит Пахом
На коне верхом,
Сам неграмотный,
А читать помогает.

Очки

Эти чудо - кирпичи я в подарок получил,
Что сложу из них - сломаю,
И все сначала начинаю.

Кубики

Без языка живет,
Не ест и не пьет,
А говорит и поет.

Радио

Не лает, не кусает, а к будке привязана.

Цепь

В лесу тяп-тяп, дома ляп-ляп, на колени возьмешь - заплачет.

Балалайка

Стоит на крыше верхолаз
И ловит новости для нас.

Антенна

Не обижен, а надут,
Его по полю ведут.
А ударят - нипочем
Не угнаться за ...

Мячом

Языка не имеет,
А у кого побывает,
Тот много знает.

Газета

Я и дом украшаю,
Я и пыль собираю.
А меня люди топчут ногами,
Да потом ещё бьют батогами.

Ковер

Совсем не нужен ей водитель.
Ключом ее вы заводите -
Колесики начнут крутится.
Поставьте и она помчится.

Заводная машина

Через поле и лесок подается голосок.
Он бежит по проводам -
Скажешь здесь, а слышно там.

Телефон

Ежедневно в шесть утра,
Я трещу: вставать пора!

Будильник

Каким инструментом можно щи хлебать?

Ложка

Есть у меня в квартире робот.
У него огромный хобот.
Любит робот чистоту
И гудит, как лайнер "ТУ"
Он охотно пыль глотает,
Не болеет, не чихает.

Пылесос

Морщинистый Тит
Всю деревню веселит.

Гармонь

Стою на крыше, всех труб выше.

Антенна

Одной ручкой всех встречает,
Другой ручкой провожает.

Дверь

Полюбуйся, посмотри -
Полюс северный внутри!
Там сверкает снег и лед,
Там сама зима живет.

Холодильник

Ночь. Но если захочу,
Щелкну раз - и день включу.

Выключатель

Дом из жести, а жильцы в нем - вести.

Почтовый ящик

Как начнет говорить-разговаривать,
Надо чай поскорее заваривать.

Чайник

Ускользает, как живое,
Но не выпущу его я.
Белой пеной пенится,
Руки мыть не ленится.

Мыло

Себя он раскрывает, тебя он закрывает,
Только дождичек пройдет - сделает наоборот.

Зонт

День и ночь стою на крыше,
Нет ушей, но все я слышу,
Вдаль гляжу, хотя без глаз,
На экране мой рассказ.

Антенна

Он с хоботом резиновым,
С желудком парусиновым.
Как загудит его мотор,
Глотает он и пыль и сор.

Пылесос

Я молча смотрю на всех,
И смотрят все на меня.
Веселые видят смех,
С печальными плачу я.
Глубокое, как река,
Я дома, на вашей стене.
Увидит старик - старика,
Ребенок - ребенка во мне.

Зеркало

В маленьком амбаре
Держат сто пожаров.

Спички

Без работы – холодная она,
А после работы – красна от огня.

Кочерга

Железная нога – это …

Кочерга

138

Если люди за столом не зевают,
Этой штукой пищу ловко хватают,
Этой штукой борщ умело хлебают,
Тех на работу всегда нанимают.

Ложка

Знает каждый человечек,
Что из глины лепят ...

Глечек

Посуды нет такой давно,
Всё металл и стекло,
А в старину у всех была
Чаще посуда ...

Глиняная

Деревянное дно и ни одно –
Сверху и снизу оно.
По кругу дощечки кривые,
Слегка выгнуты, не большие
И скреплены не гвоздями,
А подпоясаны ободами.

Бочка, кадушка

Есть знак «точка»,
На ветке - «почка»,
А схожа с кадушкой
В хозяйстве ...

Бочка

Есть слово «пушка».
Есть – «лягушка»,
А есть посудина ...

Кадушка

Для дождевой воды,
Что течёт из водосточной трубы,
Что течёт по крыше до земли,
У глиняной хатки
Стояла ...

Кадка

Если работает она,
Не будет голодная семья.

Печь

Книзу узок, верх широк,
Не кастрюля …

Чугунок

Из русской печи
Кашу из печи тащи.
Чугунок очень рад,
Что его схватил …

Ухват

Раньше, как таз деревянный,
Служил людям постоянно,
Были ручки для захвата
У старинного …

Ушата

Чтобы в баньку ходить,
И водицу в нём носить,
У такого таза
Две ручки сразу.
Из него водой плескай – ка!
Вот так таз с названьем …

Шайка

Вот щипцы для маникюра,
Вот щипцы для гвоздей,
А эти щипцы старинные
Для сластён были важней.

Щипцы для сахара

Есть дымковская игрушка –
«Водоноска» название,
На плечах её
Дуга деревянная.

Коромысло

Трудно нести
Воду с колодца,

Вёдра тяжёлые,
А хозяйка смеётся.
Воду несёт –
Руки свободны:
Плечи несут
Полнёхоньки вёдра.
Этот предмет
С загадочным смыслом
Есть два крючка
У…

Коромысла

Длинное, невысокое,
Кем – то оцинковано,
Надо для стирки,
Может и для купания.
Посудина странное
Имеет название.
Не знаю, кем это
Названье открыто
Но эта посудина
Просто …

Корыто

Без работы – холодная она,
А после работы – красна от огня.

Кочерга

Железная нога – это …

Кочерга

Помогает управится
У печи красавица:
Снять колечки с плиты,
Чтоб чугунок поставил ты.

Кочерга

Поправить топку
Поможет ловко
Помощница огня
Трудяга …

Кочерга

У неё одна нога,
Ох, горячая она.

Кочерга

Вы в деревне не кричите,
Холодильник не ищите,
Потому что молоко
Не на ферме далеко
И не в ведре в коровнике,
А здесь, на подоконнике.
Не в кружке, не в ковше,
А просто в …

Кувшине

Полновата, широка,
Гладка и высока.
Как зовут её, ребята,
Она чуть тяжеловата.
Вольёшь и десять литров
В горшка сестру …

Макитру

У горшка есть сестра –
Широка, высока,
Полновата и добра.
Звать её …

Макитра

Круглая, глубокая,
Гладкая, широкая,
Гончаром кручённая,
В печи обожжённая,
От кувшина – низка
Глиняная …

Миска

Поезд едет тук - тук – тук…
К нам в купе приносят вдруг
Что за жидкость? Отвечай!
Проводник принёс нам …

Чай

Чтоб ладошки не обжечь,
Пассажира уберечь,
И гостей всех уберечь
Когда пьёшь горячий чай,
Установку получай:
Эта посуда стеклянная,
В недавние годы главная
В поезде главная.
Стакан его начальник,
А сам он ….

                    Подстаканник

Деревянное дно и ни одно –
Сверху и снизу оно.
По кругу дощечки кривые,
Слегка выгнуты, не большие
И скреплены не гвоздями,
А подпоясаны ободами.

                    Бочка, кадушка

Посуды нет такой давно,
Всё металл и стекло,
А в старину у всех была
Чаще посуда …

                    Глиняная

Загадки про Новый год

Дней с ним прожито немало,
Я уже привык к нему.
Мне прощаться с ним вдруг стало
Даже грустно потому.
Насовсем он ведь уходит
в день последний декабря,
Потихоньку, незаметно,

бой Курантов всем даря.

Старый Год

Если лес укрыт снегами,
Если пахнет пирогами
Если ёлка в дом идёт,
Что за праздник?...

Новый год

Под бой курантов дверь открываем,
Одного провожаем, другого встречаем.
Старый Год и Новый Год
Он приходит в зимний вечер,
Зажигать на елке свечи.
Он заводит хоровод –
Это праздник...

Новый год

Он живет совсем немного,
А сейчас ждет у порога.
Кто в двенадцать к нам войдет?
Ну конечно...

Новый год

Шапка снега на горе,
Все деревья в серебре,
На пруду сверкает лёд,
Наступает ...

Новый год

Что ни пожелается –
Всё всегда сбывается,
Всё всегда произойдёт,
Верят все, под...

Новый год

Всю ёлку до макушки
Украсили игрушки!
Вставайте в хоровд!
Встречайте ... !

Новый год

Что за праздник на дворе
Наступает в декабре?
В это время все вдруг рады,
Малыши подарков ждут,
Ради нескольких минут
Собирается семья:
Мамы, бабушки, родня.
И держа в руках бокалы,
Сосчитав часов удары,
Все от радости визжат,
Шутят, прыгают, шалят.
Прочь кошмары и ненастья,
В эту ночь ждут только счастья,
Это праздник без хлопот,
Это праздник - ... !

Новый год

Первоклассник, старшеклассник -
Каждый любит этот праздник.
Любит ёлку наряжать,
Класс и школу украшать.
И в костюме маскарадном
Дедушку Мороза ждать.

Новый год

Загадки про профессии

Рисую всегда, то мордашки, то лица.
Палитра моя – это разные лица
Я им помогаю быстрей превратиться
В злодея, в красавицу, в синюю птицу,
В зверя, в Баб - Ёшку,
В страшилку, в Кощея,
В смешную матрёшку,
В кота, в Бармалея.

Клиент мой – актёр.
Я классный ...

Гримёр

Хоть на съёмках кинокадра,
Хоть на сцене здесь в театре,
Мы послушны режиссёру
Потому, что мы ...

Актёры

Я работаю в театре.
Просто тётя я в антракте.
А на сцене – то царица,
То бабуля, то лисица.
Знает Коля и Лариса,
Что в театре я ...

Актриса

В театре работает,
Одежду бережёт,
Он гладит и штопает,
Блёстки крепит, шьёт.
Актёру примеряет
Пиджак, например,
Его профессия ...

Костюмер

Ты учишь буквы складывать, считать,
Цветы растить и бабочек ловить,
На всё смотреть и всё запоминать,
И всё родное, родину любить.

Воспитатель

Кто в дни болезней всех полезней
И лечит нас от всех болезней?

Доктор

Наведёт стеклянный глаз,
Щёлкнет раз - и помним вас.

Фотограф

В небо ласточкой вспорхнёт,
Рыбкой в озеро нырнёт.

                        Прыгун в воду

С огнём бороться мы должны,
С водою мы напарники.
Мы очень людям всем нужны,
Ответь скорее, кто же мы?

                        Пожарники

Закину палку, убью не галку,
Ощиплю не перья, съем не мясо.

                        Рыбак

В прошлый раз был педагогом,
Послезавтра - машинист.
Должен знать он очень много,
Потому, что он ...

                        Артист

Кто учит детишек читать и писать,
Природу любить, стариков уважать?

                        Учитель

Скажи, кто так вкусно
Готовит щи капустные,
Пахучие котлеты,
Салаты, винегреты,
Все завтраки, обеды?

                        Повар

Вот на краешке с опаской
Он железо красит краской,
У него в руке ведро,
Сам раскрашен он пестро.

                        Маляр

Встаём мы очень рано,
Ведь наша забота - Всех отвозить по утрам на работу.

                        Водитель

Вот на краешке с опаской
Он железо красит краской,
У него в руке ведро,
Сам раскрашен он пестро.

                              Маляр

Кто у постели больного сидит?
И как лечиться, он всем говорит;
Кто болен - он капли предложит принять,
Тому, кто здоров, - разрешит погулять.

                              Доктор

Кто пасет овец и коз,
Там, где луг травой зарос.

                              Пастух

Кто в дни болезней
Всех полезней
И лечит нас от всех
Болезней?

                              Врач

Педиатра ты не бойся,
Не волнуйся, успокойся,
И, конечно же, не плачь,
Это просто детский ...

                              Врач

Мы от простуды вновь страдаем,
Его мы на дом вызываем.
Он выдаст нам больничный лист.
А кто он как специалист?

                              Врач

Спрятан здесь вопрос такой:
Доктор с ниткой и иглой
Как зовётся? Вспоминай
И быстрей ответ давай.

                              Хирург

Этот доктор удалит
Мне легко аппендицит.

Скальпель – лучший его друг,
Кто же доктор тот? ... !

                         Хирург

Скажите, как можно сквозь стенку смотреть?
В очках и при свете и то не суметь.
А он между тем разглядел сквозь неё
Не только меня, но и сердце моё.

                         Рентгенолог

Этот врач не просто доктор,
Лечит людям он глаза,
Даже если видишь плохо,
Разглядишь ты всё в очках.

                         Окулист

Громко кашляет Серёжа.
У него бронхит, похоже.
В поликлинику звонят,
А Серёже говорят:
— Ты не бойся и не плачь –
К тебе едет добрый…

                         Врач

Кто у постели больного сидит?
И как лечиться он всем говорит.
Кто болен — он капли предложит принять.
Тому, кто здоров, — разрешит погулять.

                         Врач

Капитана Ксюша с Жанной
Заразили кашей манной.
А потом лечили щами,
Стать хотят они …

                         Врачами

Мама может ставить банки,
Мазать ссадины и ранки.
Мама делает уколы
Всем ребятам нашей школы.

Мама лаской, добрым словом
Помогает стать здоровым!

Медсестра

У пилота Боря друг
Красит краской все вокруг.
На окне рисует дождик,
Значит, вырастет …

Художник

У меня есть карандаш,
Разноцветная гуашь,
Акварель, палитра, кисть
И бумаги плотный лист,
А еще – мольберт-треножник,
Потому что я …

Художник

Я люблю купаться в краске.
Совершенно без опаски
С головою окунаюсь,
А потом, не вытираюсь,
По бумажному листу
Или тканному холсту
Влево, вправо, вверх и вниз
Я гуляю. Кто я?

Кисть

Вот тебе помощник деревянный.
Должен быть он острым постоянно.
Контур, натюрморт, портрет, пейзаж
Быстро нарисует…

Карандаш

Вот тебе помощник деревянный.
Должен быть он острым постоянно.
Контур, натюрморт, портрет, пейзаж
Быстро нарисует…

Карандаш

Чтобы ноты разложить,
У музыкантов есть пюпитры,

150

А чтобы краски разводить,
Художникам нужны…

Палитры

В ресторане их найду я -
Эти люди в колпаках
Над кастрюлями колдуют
С поварешками в руках.

Повар

Скажи, кто так вкусно
Готовит щи капустные,
Пахучие котлеты,
Салаты, винегреты,
Все завтраки, обеды?

Повар

У певицы есть соседи -
Близнецы Денис и Федя.
Воду варят вечерами,
Значит будут …

Поварами

Каждое его творенье -
Просто сказка, объеденье,
Мысли, творчества полет.
Тот, кто пробовал, поймет.

Повар

Белые волосы, брови, ресницы.
Утром встает он раньше, чем птицы.

Повар

Приготовит мама суп
Малышам из разных групп,
Ловко вылепит котлеты
И нарежет винегреты.
И с такой умелой мамой
Я бываю сытый самый!

Повар

Он у плиты творит,
Как на крыльях он парит.
Все бурлит вокруг него,
Кухня – кузница его.

                              Повар

Ведет он классно самолет,
Безопасен с ним полет,
Настоящий ас …

                              Пилот

Саша гордо самолет
На веревочке везет.
Он готовится к полетам,
Значит, вырастет …

                              Пилотом

Серебристая игла
В небе ниточку вела.
Кто же смелый
Нитью белой
Небо сшил, да поспешил:
Хвост у нитки распушил?

                              Летчик

Он вернулся из полёта,
Ведь летать – его работа.
Всех, кто в воздухе, ребята,
Называют…

                              Летчик

Вижу в небе самолет
Как светящийся комочек,
Управляет им пилот,
По другому просто …

                              Летчик

Он не лётчик, не пилот,
Он ведёт не самолёт,
А огромную ракету.

Дети, кто, скажите это?

Космонавт

Сначала его в центрифуге крутили,
А после в тяжёлый скафандр нарядили.
Отправился он полетать среди звёзд.
Я тоже хочу! Говорят, не дорос.

Космонавт

Кто готовит всё по-флотски:
Макароны, борщ и клёцки,
Кашу, блинчики, компот,
Кухню камбузом зовёт?

Кок

Он на мостике стоит
И в бинокль морской глядит,
Не страшит девятый вал —
Крепко держит он штурвал.
Он на судне — царь и пан.
Кто же это? …

Капитан

Кто скафандр надевает
И на глубину ныряет?
Кто в ботинках со свинцом
Ходит там по дну пешком?

Водолаз

Как у гуся ласты
На его ногах,
Он, обычно, в маске
Или же в очках,
Сзади — два балона,
В балонах — кислород,
И, как-будто рыбка,
Он в воде плывёт.

Аквалангист

Он и повар, и моряк.

Звать его скажите как?
Всё по-флотски, кашу, сок
Приготовит вкусно ...

                    Кок

Он морской, но добрый волк,
В синем море знает толк.
Приводил во много стран
Свой корабль ...

                    Капитан

Ты, как рядовой в пехоте,
Служишь рядовым в Морфлоте.
Боцман приказал? Скорее
Лезь по лесенке на рею.
И не трусь, не вешай нос!
Ты в тельняшке! Ты — ...

                    Матрос

Загадки про моряков
Загадки про врачей
Кто учит детей всех писать и читать,
Природу любить, стариков уважать?

                    Учитель

Он учит буквы складывать, считать,
Цветы растить и бабочек ловить,
На всё смотреть и всё запоминать,
И всё родное, родину любить.

                    Учитель

С белым мелом и с указкой
Он проводит нам урок!
И рассказывает классно
Наш любимый ...

                    Учитель

В школе учит он детей.
Строг, но все прощает.
Помогает стать умней,

Все он объясняет.

Учитель

Загадки про Деда Мороза и Снегурочку для детей

Чьи рисунки на окне,
Как узор на хрустале?
Щиплет всякого за нос
Зимний дедушка …

Мороз

С Новым годом поздравляет
Всех мальчишек и девчат
И подарки он нам дарит
Вон они, в мешке стоят.
Добрый он и бородатый,
От мороза красный нос.
Кто же он, скажите, дети,
Громко, дружно:

Дед Мороз

Кто приходит в каждый дом
В Новый год с большим мешком?
Шуба, шапка, красный нос,
Это Дедушка ...

Мороз

Дед мороз пришел к нам в гости
С хрупкой, белоснежной гостьей.
Он назвал ее дочуркой.
Эта девочка...

Снегурка

Он и добрый, он и строгий,
Бородою весь зарос,
К нам спешит сейчас на праздник,

155

Кто же это? ...

Дед Мороз

Он катки для нас устроил,
Снегом улицы занес,
Изо льда мосты построил,
Кто же это? ...

Дед Мороз

Кто с огромнейшим мешком,
Через лес идёт пешком...
Может это Людоед?
– Нет.
Кто сегодня встал чуть свет
И несёт мешок конфет...
Может, это ваш Сосед?
– Нет.
Кто приходит в Новый год
И на ёлке свет зажжёт?
Включит нам Электрик свет?
– Нет.
Кто же это? Вот вопрос!
Ну, конечно...

Дед Мороз

Весь он в золоте сверкает,
Весь искрится при луне,
Ёлку в бусы наряжает,
И рисует на стекле.
Он такой большой проказник –
Ущипнет за самый нос.
К нам сюда пришел на праздник...
Кто он, дети? ...

Дед Мороз

Чьи рисунки на окне,
Как узор на хрустале?
Щиплет всякого за нос
Зимний дедушка ...

Мороз

Он приходит в зимний вечер
Зажигать на елке свечи.
Бородой седой оброс,
Кто же это? ...

Дед Мороз

В тулупе с красным кушаком
И с замечательным мешком.
Он всегда под Новый год
Отправляется в поход.
Чтобы праздник с нами встретить,
Чтобы радовались дети.
Кто же это, вот вопрос?
Ну, конечно ...

Дед Мороз

Угадайте, что за гость:
В шубе серебристой,
Красный-красный нос его,
Борода пушистая,
Он волшебник детворы,
Отгадайте – раз, два, три...

Дед Мороз

Красна девица грустна:
Ей не нравится весна,
Ей на солнце тяжко!
Слёзы льёт бедняжка.

Снегурочка

Я - внучка Мороза и Вьюги,
Являюсь сюда каждый год!
Со мною снежинки-подруги
Весёлый ведут хоровод.

Снегурочка

Она в серебро с жемчугами одета –
Волшебная внучка волшебного деда.

Снегурочка

Наши окна кистью белой
Ночью он разрисовал.
Снегом полюшко одел он,
Снегом садик закидал.
Разве к снегу не привыкнем,
Разве в шубу спрячем нос?
Мы как выйдем да как крикнем:
- Здравствуй, ... !

Дедушка Мороз

Мы весной его не встретим,
Он и летом не придёт,
Но зимою к нашим детям
Он приходит каждый год.
У него румянец яркий,
Борода, как белый мех,
Интересные подарки
Приготовит он для всех.
С Новым годом поздравляя,
Ёлку пышную зажжёт,
Ребятишек забавляя,
Встанет с ними в хоровод.
Дружно мы его встречаем,
Мы большие с ним друзья...
Но поить горячим чаем
Гостя этого нельзя!

Дед Мороз

Человек немолодой
С преогромной бородой
Привёл с собой за ручку
К вам на праздник внучку.
Отвечайте на вопрос:
Это кто же? ...

Дед Мороз со Снегурочкой

Загадки про снег и снежинки

Странная звездочка с неба упала,
Мне на ладошку легла - и пропала.

Снежинка

Бел, да не сахар.
Нет ног, а идет.

Снег

Бело покрывало на земле лежало,
Лето пришло - оно все сошло.

Снег

Дунул ветер, и мороз
Снег нам с севера принёс.
Только вот с тех самых пор
На стекле моём …

Узор

Хлопья белые летят,
Тихо падают, кружат.
Стало всё кругом бело.
Чем дорожки замело?

Снегом

На всех садится, никого не боится.

Снег

Одеяло белое
Не руками сделано.
Не ткалось и не кроилось—
С неба на землю свалилось.

Снег

Вился, вился белый рой,
Сел на землю – стал горой.

Снег

У Зимы отличный мех:
Это мягкий белый ...

                    Снег

Белой стайкой мошкара
Вьется, кружится с утра.
Не пищит и не кусает —
Просто так себе летает.

                    Снежинки

Дом ее на белой туче,
Но ей страшен солнца лучик.
Серебристая пушинка,
Шестигранная ...

                    Снежинка

Видел зимнюю картинку?
Там присутствую всегда!
Как моя сестрица Льдинка,
Я - замёрзшая вода.
Посмотрите, я резная,
Как салфетка кружевная.

                    Снежинка

С неба падают зимою
И кружатся над землею
Легкие пушинки,
Белые ...

                    Снежинки

Шёл он долго, шёл он тихо,
Иногда кружился лихо.
Землю в белое одел
И мгновенно присмирел.

                    Снег

Он всю ночь летел с небес
И под утро не исчез,
За окном всё белым стало,
Наконец зима настала.

                    Снег

Он всё время занят делом,
Он не может зря идти.
Он идёт и красит белым
Всё, что видит на пути.

Снег

Бел как мел,
С неба прилетел.
Зиму пролежал,
В землю убежал.

Снег

Он нужен лыжникам кататься,
Нам - крепость белую лепить,
Деревьям, чтобы одеваться,
Зиме - вокруг всё серебрить.

Снег

Зимний дождь
Из звёздочек-малышек
Не стучится в окна,
Не гремит по крыше.
Дождик этот
В воздухе искрится
А потом на землю
Скатертью ложится.

Снег

На деревья, на кусты
С неба падают цветы.
Белые, пушистые,
Только не душистые.

Снежинки

Распахнул я настежь двери,
В сад гляжу – глазам не верю.
Эй! Смотрите, – чудеса!
Опустились небеса!
Было облако над нами –
Оказалось под ногами!

Снег

Без крыльев, а летит,
Без корней, а растёт.

                              Снег

Пушистый ковёр
Не руками ткан,
Не шелками шит,
При солнце, при месяце
Серебром блестит

                              Снег

Зимой греет,
Весной тлеет,
Летом умирает,
Осенью оживает.

                              Снег

Белый Тихон
С неба спихан,
Где пробегает -
Ковром устилает.

                              Снег

Я как песчинка мал,
А землю покрываю;
Я из воды,
А с воздуха летаю;
Как пух лежу я на полях
И как алмаз блещу
При солнечных лучах.

                              Снег

На дворе горой,
А дома водой.

                              Снег

Лежало одеяло,
Мягкое, белое,
Землю грело.
Ветер подул,

Одеяло согнул.
Солнце припекло,
Одеяло потекло.

Снег

Он слетает белой стаей
И сверкает на лету.
Он звездой прохладной тает
На ладони и во рту.

Снег

Выгляну в оконце,
Лежит белое суконце.
Всю зиму лежит,
А весной убежит.

Снег

Он пушистый, серебристый,
Но рукой его не тронь:
Станет капелькою чистой,
Как поймаешь на ладонь.

Снег

Без крыл, без ног белые мухи летают.

Снег

Без крыл, без ног — на дерево садится.

Снег

Зимой гуляет – дома запирает,а весной плачет –людей выпускает.

Снег

Белая скатерть все поле укрыла.

Снег

С неба – звездой,
В ладошке — водой.

Снег

Он—пушистый, серебристый,

163

Но рукой его не тронь:
Станет капелькою чистой,
Как поймаешь на ладонь.

Снег

Покружилась звездочка
В воздухе немножко,
Села и растаяла
На моей ладошке.

Снег

Все как звездочки сквозные, а возьмешь – так водяные!

Снег

Скатерть бела весь свет одела.

Снег

Бело покрывало на земле лежало,
Лето пришло – оно все сошло.

Снег

Зайчик пушистый, а хвоста нет.

Снег

Белый Тихон где пробегает – ковром устилает.

Снег

На всех садится, не кого не боится.

Снег

На дворе стоит горой, а в избе водой.

Снег

Летел Полкан : бел кафтан – без пуговиц.

Снег

Всю зиму на полях смирно лежит,
А весной с шумом убежит.

Снег

Лениво лежал, лежал,
А весной в реку побежал.

Снег

Родится молчком и живет тишком,
А как помрет, так как белуга и заревет.

Снег

Зимой греет, весной тает, летом умирает,
А осенью оживает и всю землю покрывает.

Снег

Прихожу – все шумно радуются,
Ухожу – все опять рады.

Снег

Зимою греет, весною тлеет,
Летом умирает, осенью оживает.

Снег

Лежал, лежал, а весной в реку убежал.

Снег

От меня зимой, как летом, расцвело все белым цветом.

Снег

Летит – молчит, лежит – молчит,
Когда умрет, тогда ревет.

Снег

Осенью рождаюсь, весной умираю.
Зимой своим телом землю согреваю.

Снег

Он летает белой стаей и сверкает на лету.
Он звездой прохладной тает на ладони и во рту.

Снег

Пухом землю замело –
За окном белым-бело.
Эти белые пушинки
Не годятся для перинки.

Снег

Он слетает белой стаей
И сверкает на лету.

165

Он звездой прохладной тает
На ладони и во рту.

Снег

Осенью –
Рождаюсь,
Весной –
Умираю,
Зимой –
Землю согреваю.

Снег

На землю упало Пуховое одеяло,
Лето пришло — Одеяло сошло.

Снег

С неба звезды падают, Лягут на поля.
Пусть подними скроется Черная земля.
Много, много звездочек, Тонких, как стекло,
Звездочки холодные, А земле – тепло.

Снег

Пушистый ковер —
Не руками ткан,
Не шелками шит,
При солнце, при месяце,
Серебром блестит.

Снег

Детские новогодние загадки про елку

Загадки про снег и снежинки
Загадки про снеговика
Зимой и летом одним цветом?

Елка

Стою в тайге на одной ноге,
сверху шишки, снизу мишки,
Зимою и летом зеленого цвета,
платьице в иголках, а называюсь я ...

Елка

У нее одежки колки: Все иголки, да иголки.
Звери шутят: "Дядя еж на нее слегка похож".

Елка

Я прихожу с подарками, блещу огнями яркими,
Нарядная, забавная, на Новый год я - главная.

Елка

Я модница такая, что всем на удивленье! Люблю я бусы, блестки - любые украшенья.

Но на мою, поверьте, великую беду, наряд мне одевают всего лишь раз в году.

Елка

Гостья к нам пришла с опушки - зелена, хоть не лягушка.
И не Мишка косолапый, хоть ее мохнаты лапы.
И понять не можем мы, иголки ей для чего нужны?
Не швея она, не ежик, Хоть на ежика похожа.
Кто пушист, хоть не цыпленок, - должен знать любой ребенок.
Догадаться очень просто, кто пришел к нам нынче в гости?

Елка

Ёжик на неё похож,
Листьев вовсе не найдёшь.
Как красавица, стройна,
А на Новый год - важна.

Елка

Я росла в лесу дремучем,
Поднималась к синим тучам.
Но теперь меня срубили
И в игрушки нарядили.

Елка

В Новый Год она пришла,

Вкусный запах принесла
И колючие иголки,
Это же подарки...

Елки

В небесах она сверкает,
Нашу елку украшает.
Не померкнет никогда
В новогодний день ...

Звезда

Она зимой нарядится
В гирлянды и шары,
Припрятала подарки
Она для детворы
Не зря поётся в песенке,
Что родилась в лесу,
Но я куплю из пластика –
Красавицу спасу!

Елка

Я росту, чтоб в Новый год,
Плыл весёлый хоровод,
Зелена я и свежа
И похожа на ежа,
И в жару или метель,
Называют меня...

Ель

Преколючие наряды.
Кто же им скажите рады?
Платья из иголок
У красавиц...

Елок

Она на ёжика похожа,
Как ёж, она в иголках тоже,
На ней плоды бывают — шишки.
Девчонки ждут её, мальчишки,
Когда она под Новый год
На праздник к ним стоять придёт.

Елка

На лесной опушке,
Около избушки,
Выросли подружки –
Шишки на макушке,
Острые иголки
Зелены и колки.

Елки

Загадки про снеговика

Меня не растили - из снега слепили.
Вместо носа ловко вставили морковку.
Глаза - угольки, руки - сучки.
Холодная, большая, кто я такая?

Снежная баба

Человечек непростой:
Появляется зимой,
А весною исчезает,
Потому что быстро тает.

Снеговик

Мы слепили снежный ком,
Шляпу сделали на нем,
Нос приделали, и в миг
Получился …

Снеговик

Появился во дворе
Он в холодном декабре.
Неуклюжий и смешной
У катка стоит с метлой.
К ветру зимнему привык
Наш приятель …

Снеговик

Порой за себя мне бывает неловко,
Торчит у меня вместо носа морковка.

Снеговик

Что за нелепый человек
Пробрался в двадцать первый век.
Морковкой нос, в руке метла,
Боится солнца и тепла.

Снеговик

Жил я посреди двора,
Где играет детвора,
Но от солнечных лучей
Превратился я в ручей.

Снеговик

Из снега соберём комок.
Поставим сверху мы горшок.
Заменит нос ему морковка.
Метлу в руках он держит ловко.
Наденем шарфик мы ему
И не замёрзнет он в пургу.
К теплу он вовсе не привык.
Ведь это чудо –

Снеговик

Красный нос, в руках метелка.
Проживает рядом с елкой.
К холодам давно привык
Наш веселый...

Снеговик

Лепит детвора зимой
Чудо с круглой головой:
Ком на ком поставит ловко,
Рот — дуга, и нос морковка,
А два глаза — угольки,
Да из веток две руки.
Солнце вышло, он и сник.

Кто же это?

Снеговик

Его слепили дети ловко,
из снега сделали клубки.
Вместо носика марковка,
вместо глазок угольки.
На голову ведро одели
и соломенный парик.
А теперь скажи скорее
кто же это?

Снеговик

Я снежная, я белая,
Меня ребята сделали,
Днем они всегда со мной,
Вечером идут домой.
Ну, а ночью под луной
Очень грустно мне одной.

Снежная баба

Русские народные загадки

Шубу два раза в год снимает. Кто под шубою гуляет?

Овца

Не прядёт, не ткёт, а людей одевает.

Овца

По горам, по долам ходит шуба да кафтан.

Овца

Заплелись густые травы, закудрявились рога, да и сам я весь кудрявый, даже завитком рога.

Баран

Явился в жёлтой шубке:-Прощайте, две скорлупки!
Цыплёнок

Она на белых камушках сидит, не подходите близко - закричит.
Наседка

Каким гребешком никто не причёсывается?
Петушиным

Петух снёс яйцо. Кому оно достанется?
Никому, петух яйца не несёт.

Не ездок, а со шпорами, не сторож, а всех будит.
Петух

Кто больше всех кричит, а меньше всех делает?
Петух

Два раза родился, ни разу не крестился, всем людям пророк.
Петух

Сидит тах на белых горах, дожидается из мёртвого живого.
Курица

Из белого камня родился, весь свет будит.
Петух

Сидел на заборе, пел да кричал, а как все собрались, взял да замолчал.
Петух

Родится без ног и без головы, а как подрастёт - вырастут и ноги и голова.
Яйцо

Возле бочки катаются клубочки.
Свинья и поросята

По земле ходит, неба не видит, ничего не болит, а всё стонет.
Свинья

Пятак есть, а ничего не купит.

Свинья

Зелёные глаза - всем мышам гроза.

Кошка

Кто родится с усами?

Кот

Вся мохнатенька, четыре лапки, сама усатенька, два яхонта под шапкой.

Кошка

Зубастых, мохнатый, как есть начнёт - песенку поёт.

Кот

Что за зверь со мной играет? НЕ мычит, не ржёт, не лает, нападает на клубки, прячет в лапки когти.

Котёнок

У мышиной норы лежат крючья остры, и повисли, горя, два зелёных фонаря.

Кот на охоте

Часто умывается, а полотенцом не утирается.

Кошка

Глазищи, усище, хвостище, а моется чаще всех.

Кошка

Когда кошка может выйти из дома с четырьма ногами, а вернуться с восемью?

Если она вернётся с мышкой в зубах

Загадки про осень

Пусты поля,
Мокнет земля,
Дождь поливает.
Когда это бывает?

                    Осенью

Утром мы во двор идём -
Листья сыплются дождём,
Под ногами шелестят
И летят, летят, летят...

                    Осень

Листья падают с осин, мчится в небе острый клин.

                    Осень

Рыжий Егорка
Упал на озерко,
Сам не утонул
И воды не всолыхнул.

                    Осенний лист

Несу я урожаи,
Поля вновь засеваю,
Птиц к югу отправляю,
Деревья раздеваю,
Но не касаюсь сосен и елочек.
Я - ...

                    Осень

Дни стали короче,
Длинней стали ночи,
Кто скажет, кто знает,
Когда это бывает?

                    Осенью

Опустел колхозный сад,
Паутинки вдаль летят,

И на южный край земли
Потянулись журавли.
Распахнулись двери школ.
Что за месяц к нам пришел?

                             Сентябрь

Все мрачней лицо природы:
Почернели огороды,
Оголяются леса,
Молкнут птичьи голоса,
Мишка в спячку завалился.
Что за месяц к нам явился?

                             Октябрь

Кто всю ночь по крыше бьёт
Да постукивает,
И бормочет, и поёт, убаюкивает?

                             Дождь

Шел долговяз, в сыру землю увяз.

                             Дождь

Крупно, дробно зачастило, И всю землю намочило.

                             Дождь

Он идет, а мы бежим,
Он догонит все равно!
В дом укрыться мы спешим,
Будет к нам стучать в окно,
И по крыше тук да тук!
Нет, не впустим, милый друг!

                             Дождь

Без пути и без дороги
Ходит самый длинноногий,
В тучах прячется,
Во мгле,
Только ноги на земле.

                             Дождь

Тучи нагоняет, Воет, задувает. По свету рыщет, Поет да свищет.

Ветер

Летит, а не птица, Воет, а не зверь.

Ветер

Не колючий, светло-синий
По кустам развешан ...

Иней

Не снег, не лед,
А серебром деревья уберет.

Иней

Пусты поля, мокнет земля,
Дождь поливает, когда это бывает?

Осенью

Дни стали короче,
Длинней стали ночи,
Кто скажет, кто знает,
Когда это бывает?

Осенью

Утром мы во двор идём -
Листья сыплются дождём,
Под ногами шелестят
И летят, летят, летят...

Осень

Листья падают с осин,
мчится в небе острый клин

Осень

Пришла без красок
В без кисти
И перекрасила все листья.

Осень

Лес разделся,

Неба просинь,
Это время года – ...

Осень

Несу я урожаи, поля вновь засеваю,
Птиц к югу отправляю, деревья раздеваю,
Но не касаюсь сосен и ёлочек, я ...

Осень

Солнца нет, на небе тучи,
Ветер вредный и колючий,
Дует так, спасенья нет!
Что такое? Дай ответ!

Поздняя осень

Рыжий Егорка
Упал на озерко,
Сам не утонул
И воды не всколыхнул.

Осенний лист

Кто всю ночь по крыше бьёт
Да постукивает,
И бормочет, и поёт, убаюкивает?

Дождь

Шел долговяз, в сыру землю увяз.

Дождь

Крупно, дробно зачастило, И всю землю намочило.

Дождь

Он идет, а мы бежим,
Он догонит все равно!
В дом укрыться мы спешим,
Будет к нам стучать в окно,
И по крыше тук да тук!
Нет, не впустим, милый друг!

Дождь

Без пути и без дороги
Ходит самый длинноногий,
В тучах прячется,
Во мгле,
Только ноги на земле.

Дождь

Мочит поле, лес и луг,
Город, дом и всё вокруг!
Облаков и туч он вождь,
Ты же знаешь, это - ...

Дождь

Тучи нагоняет,
Воет, задувает.
По свету рыщет,
Поет да свищет.

Ветер

Летит, а не птица,
Воет, а не зверь.

Ветер

Осень в гости к нам пришла
И с собою принесла...
Что? Скажите наугад!
Ну, конечно ...

Листопад

Листья желтые летят,
Падают, кружатся,
И под ноги просто так
Как ковер ложатся!
Что за желтый снегопад?
Это просто ...

Листопад

Не колючий, светло-синий
По кустам развешан ...

Иней

Не снег, не лед,

А серебром деревья уберет.

Иней

Загадки про людей

У тридцати двух воинов один командир.

Зубы и язык

Пять братьев -
Годами равные, ростом разные.

Пальцы

В огне не горит,
В воде не тонет,
В земле не гниет.

Правда

Красные двери в пещере моей,
Белые звери сидят у дверей.
И мясо, и хлеб - всю добычу мою -
Я с радостью белым зверям отдаю.

Губы, зубы, рот

Оля слушает в лесу,
Как кричат кукушки.
А для этого нужны
Нашей Оле ...

Ушки

Тебе дано,
А люди им пользуются.

Имя

Что слаще всего на свете?

Сон

На ночь два оконца
Сами закрываются,
А с восходом солнца
Сами открываются.

Глаза

Что за обедом всего нужнее?

Рот

На красных холмах
Тридцать белых коней
Друг другу навстречу
Помчатся скорей.
Ряды их сойдутся,
Потом разойдутся,
И смирными станут
До новых затей.

Зубы

Твои помощники - взгляни -
Десяток дружных братцев,
Как славно жить, когда они
Работы не боятся.
И, как хороший мальчик,
Послушен каждый ...

пальчик

Всегда он в работе,
Когда говорим,
А отдыхает,
Когда мы молчим.

Язык

У двух матерей
По пять сыновей -
Одно имя всем.

Пальцы, руки

Ношу их много лет,
А счету им не знаю.

Волосы

Золотое решето, черных домиков полно.

Язык

Чего хочешь -
Того не купишь,
Чего не надо -
Того не продашь.

Молодость и старость

Оля весело бежит
К речке по дорожке.
А для этого нужны
Нашей Оле ...

Ножки

Утром идет на четырех,
Днем на двух, а вечером на трех.

Ребенок, взрослый, старик

Один говорит,
Двое глядят,
Двое слушают.

Язык, глаза, уши

Если б не было его,
Не сказал бы ничего.

Язык

Тридцать два молотят,
один поворачивает.

Зубы и язык

Я легкий как перышко, но долго меня не удержишь.

Вдох

Когда вы видите меня, то не можете видеть ничего другого. Я могу заставить вас гулять, даже если вы не имеете такой возможности. Иногда я говорю правду, иногда я лгу. Но если я лгу, то близок к правде. Кто же я?

Сон

Кто утром ходит на 4-х ногах, днем на 2-х ногах, к вечеру же на 3-х ногах?

Человек. Утро – детство, вечер – старость

Есть всегда у людей
Есть всегда у кораблей.

Нос

Слаще меда, сильнее слона, тяжелее шлема. Как муха жужжит, в мышиную норку пролезает, горе с собой уносит. Осетинская народная загадка.

Сон

Куда ни пойдешь — все на них взглянешь.

Ноги

И рать, и воеводу — всех повалил.

Сон

Между двух светил сижу я один.

Нос

День и ночь стучит оно,
Словно бы заведено.
Будет плохо, если вдруг
Прекратится этот стук.

Сердце

Загадки про время

Вчера было, сегодня есть и завтра будет.

Время

Без ног и без крыльев оно,
Быстро летит, не догонишь его.

Время

Что за птицы пролетают?
По смерке в каждой стае.
Вереницею летят,
Не воротятся назад.

Дни недели

Мы ходим ночью, ходим днем,
Но никуда мы не уйдем.
Мы бъем исправно каждый час,
А вы, друзья, не бейте нас.

Часы

Ног нет, а хожу,
Рта нет, а скажу,
Когда спать, когда вставать,
Когда работу начинать.

Часы

Двенадцать братьев
Друг за другом бродят,
Друг друга не обходят.

Месяцы

Стучат, стучат - не велят скучать.
Идут, идут, а все тут как тут.

Часы

Сам дней не знает, а другим указывает.

Календарь

У меня есть дерево,
На нем двенадцать веток;
На каждой ветке тридцать листьев;
Одна сторона у листа черная,
Другая - белая.

Год, месяцы, дни, ночи

Что возвратить нельзя?

Время

Выросло дерево от земли до неба.

183

На этом дереве двенадцать сучков.
На каждом сучке по четыре гнезда.
В каждом гнезде по семь яиц.
А седьмое - красное.

> Год, месяцы, недели, дни

К вечеру умирает, по утру оживает.

> День

Две сестрицы друг за другом
Пробегают круг за кругом.
Коротышка - только раз,
Та, что выше, - каждый час.

> Стрелки часов

Протянулся мост на семь верст,
А в конце моста - золотая верста.

> Неделя

Что всегда идет,
А с места не сойдет?

> Часы

Мы день не спим,
Мы ночь не спим,
И день и ночь
Стучим, стучим.

> Часы

Загадки про времена года

Снег на полях, лед на водах,
Вьюга гуляет. Когда это бывает?

> Зимой

Кто поляны белит белым
И на стенах пишет мелом,

Шьет пуховые перины,
Разукрасил все витрины?

Зима

Тает снежок, ожил лужок.
День прибывает. Когда это бывает?

Весна

Я соткано из зноя, несу тепло с собою,
Я реки согреваю, "купайтесь!" - приглашаю.
И любите за это вы все меня, я ...

Лето

Шагает красавица, легко земли касается,
Идет на поле, на реку,
И по снежку, и по цветку.

Весна

Ежегодно приходят к нам в гости:
Один седой, другой молодой,
Третий скачет, а четвертый плачет.

Времена года

Чтобы осень не промокла,
Не раскисла от воды,
Превратил он лужи в стекла,
Сделал снежными сады.

Зима

В этот месяц таит все, в этот месяц снег идёт, в этот месяц все теплей, в этот месяц женский день.

март

Яростно река ревет
И разламывает лед.
В домик свой скворец вернулся,
А в лесу медведь проснулся.
В небе жаворонка трель.
Кто же к нам пришел?

Апрель

Снег мешками валит с неба,
С дом стоят сугробы снега.
То бураны, то метели
На деревню налетели.
По ночам мороз силен,
Днем капели слышен звон.
День прибавился заметно,
Ну, так что за месяц это?

Февраль

Хоть сама - и снег и лед,
А уходит - слезы льет.

Зима

Теплый, длинный-длинный день,
В полдень - крохотная тень,
Зацветает в поле колос,
Подает кузнечик голос,
Дозревает земляника,
Что за месяц, подскажи-ка?

Июнь

Щиплет уши, щиплет нос,
Лезет в валенки мороз.
Брызнешь воду - упадет
Не вода, а уже лед.
Даже птице не летится,
От морозов стынет птица.
Повернулось солнце к лету.
Что, скажи, за месяц это?

Январь

Жаркий, знойный, душный день,
Даже куры ищут тень.
Началась косьба хлебов,
Время ягод и грибов.
Дни его - вершина лета,
Что, скажи, за месяц это?

Июль

Дует теплый южный ветер,

Солнышко все ярче светит.
Снег худеет, мякнет, тает,
Грач горластый прилетает.
Что за месяц? Кто узнает?

Март

Солнце печет,
Липа цветет.
Рожь колосится,
Золотится пшеница.
Кто скажет, кто знает,
Когда это бывает?

Лето

Один седой, другой молодой,
Третий скачет, а четвертый плачет.
Что это за гости?

Времена года

Зеленеет даль полей,
Запевает соловей.
В белый цвет оделся сад,
Пчелы первые летят.
Гром грохочет. Угадай,
Что за месяц это?..

Май

Скатерть бела
Весь мир одела.

Зима

В каком месяце люди говорят меньше всего
В феврале

Назовите-ка ребятки,
Месяц в этой-вот загадке,
Дни его всех дней короче,
Всех ночей длиннее ночи,
На поля и на луга
До весны легли снега.
Только месяц наш пройдет,

Мы встречаем Новый Год.

Декабрь

Листья клена пожелтели
В страны юга улетели
Быстрокрылые стрижи.
Что за месяц, подскажи?

Август

Она покрыта белой бумагой и листьев нет на деревьях что же это за мадам?

Зима

Была белая да седая,
Пришла зеленая, молодая.

Зима и весна

Она приходит с ласкою
И со своею сказкою.
Волшебной палочкой
Взмахнет,
В лесу подснежник
Расцветет.

Весна

Кто, угадай-ка, седая хозяйка?
Тряхнула перинки - над миром пушинки.

Зима

Наступили холода.
Обернулась в лед вода.
Длинноухий зайка серый
Обернулся зайкой белым.
Перестал медведь реветь:
В спячку впал в бору медведь.
Кто скажет, кто знает,
Когда это бывает?

Зима

Список

www.ingramcontent.com/pod-product-compliance
Lightning Source LLC
Chambersburg PA
CBHW020649260626
47157CB00008B/2964

* 9 7 8 1 6 0 4 4 4 8 0 9 2 *